Mentzel/Grotzfeld/Haub

Mitarbeitergespräche

Mitarbeitergespräche

Mitarbeiter motivieren, richtig beurteilen und effektiv einsetzen

Wolfgang Mentzel
Svenja Grotzfeld
Christine Haub

Haufe Mediengruppe
Freiburg · Berlin · München · Zürich

Bibliografische Information Der Deutschen Bibliothek

Die Deutsche Bibliothek verzeichnet diese Publikation in der Deutschen Nationalbibliografie; detaillierte bibliografische Daten sind im Internet über http://dnb.ddb.de abrufbar.

ISBN 3-448-06492-0 Bestell-Nr. 04230-0005

5. Auflage 2004

Zweigniederlassung Planegg bei München
Redaktionsanschrift: Postfach, 82142 Planegg
Hausanschrift: Fraunhoferstr. 5, 82152 Planegg
Telefon (0 89) 8 95 17-0
Telefax (0 89) 8 95 17-2 50
www.haufe.de
online@haufe.de

Lektorat: Ulrich Leinz

Satz: S6-media gmbH, 82166 Gräfelfing
Druck: Bosch Druck GmbH, 84004 Landshut

Zur Herstellung dieses Buches wurde alterungsbeständiges Papier verwendet.

Inhaltsverzeichnis

Vorwort

Das Mitarbeitergespräch ist ein unerläßliches Instrument einer zeitgemäßen Personalführung. Es ist das wichtigste Verständigungsmittel zwischen dem Vorgesetzten und seinen Mitarbeitern. Eine vertrauensvolle Zusammenarbeit ist nur möglich, wenn die anstehenden Aufgaben und Probleme in gemeinsamen Gesprächen geklärt werden. Als Anlaß kommen alle aus der Zusammenarbeit zwischen Vorgesetzten und Mitarbeitern entstehenden Gesprächssituationen in Frage.

Die Verantwortung für die Vorbereitung und den Ablauf eines Mitarbeitergesprächs liegt beim Vorgesetzten. Er hat dafür zu sorgen, daß ein faires Gespräch geführt wird, in dem auch der Mitarbeiter ausreichend zu Wort kommt.

Neben Hinweisen zur Vorbereitung und Durchführung von Mitarbeitergesprächen enthält dieses Buch Leitfäden und Checklisten für die wichtigsten Gesprächsanlässe. Die Regeln zur Gesprächsvorbereitung und -durchführung sind zwar auf das Mitarbeitergespräch zugeschnitten, sie gelten aber grundsätzlich auch für andere Gesprächssituationen.

Eines der wichtigsten Mitarbeitergespräche ist das Zielvereinbarungsgespräch. Über die Regeln und Hilfen zur Gesprächsführung hinaus wird das Führungsinstrument Zielvereinbarung in einem eigenen Kapitel ausführlich dargestellt.

Ein weiteres vielseitig genutztes Instrument der Personalführung ist die Mitarbeiterbeurteilung. Sie bildet die Grundlage für zahlreiche weitere Personalentscheidungen (Personaleinsatz, Höhe des Entgelts, Förderung und Weiterbildung der Mitarbeiter). Auch die Beurteilung seiner Mitarbeiter ist eine Daueraufgabe jedes Vorgesetzten. An sein Urteilsvermögen werden hohe Anforderungen gestellt. In den letzten Jahren haben sich zahlreiche unterschiedliche Beurteilungssysteme herausgebildet. Dieses Buch enthält die wesentlichen Bausteine der Mitarbeiterbeurteilung, so daß der Leser sein eigenes System daraus ableiten kann.

Wolfgang Mentzel
Svenja Grotzfeld
Christine Haub

1 Mitarbeitergespräche als Teil der Personalführung

Die Mitarbeiterführung ist eine unerläßliche Teilaufgabe eines jeden Vorgesetzten, gleichgültig, welcher hierarchischen Ebene er angehört. Als Mitarbeiterführung wird die Art und Weise bezeichnet, wie Führungskräfte den Umgang mit ihren Mitarbeitern gestalten, um Ziele durchzusetzen und die Betriebsaufgabe zu erfüllen.

Die Gesamtaufgabe eines Vorgesetzten umfaßt **zahlreiche Teilaufgaben**, die sich in zwei Gruppen zusammenfassen lassen. Die eher sachbezogenen Aufgaben (= sachliche Führungsaufgaben) ergeben sich direkt aus der Betriebsaufgabe. Die mitarbeiterbezogenen Aufgaben (= personelle Führungsaufgaben) ergeben sich aus der Tatsache, daß die Erfüllung von Sachaufgaben nur unter Beteiligung von Menschen vollzogen werden kann. Wem aber Menschen unterstellt sind, der hat die Pflicht, die daraus erwachsenden Aufgaben wahrzunehmen.

Die arbeitsplatzabhängigen Sachaufgaben werden in der Regel ausreichend wahrgenommen. Darauf wird in der Ausbildung und im Studium auch vorbereitet. Dagegen wird der für die Zufriedenheit und Motivation der Mitarbeiter so wichtige Bereich der Mitarbeiterführung häufig vernachlässigt.

Wichtig: Das wichtigste Instrument der Mitarbeiterführung ist das regelmäßige Mitarbeitergespräch. Es dient der Verbesserung des Vorgesetzten-Mitarbeiter-Verhältnisses, fördert Offenheit und gegenseitiges Verständnis und erleichtert die Zusammenarbeit. Gute Mitarbeiter erwarten, daß der Vorgesetzte mit ihnen spricht: über ihre Ziele, ihre Aufgaben, ihre Leistungen, ihre Stärken und ihre Schwächen.

Leider finden Mitarbeitergespräche viel zu selten statt. Aus Mitarbeitersicht werden insbesondere drei Hauptversäumnisse der Vorgesetzten genannt:

- zu wenig Zeit,
- zu wenig Information,
- fehlerhafte Kritik.

Auch die über die drei Hauptvorwürfe der folgenden Negativliste hinausgehenden Punkte zeigen, daß viele Probleme durch **regelmäßige Information und Gespräche** lösbar wären. Die Aufgabengebiete sämtlicher

Mitarbeiterbefragung: Fehlverhalten der unmittelbaren Vorgesetzten aus der Sicht der Mitarbeiter

- Die Vorgesetzten haben zu wenig Zeit
- Es wird zu spät oder nicht ausreichend informiert
- Falsche Form der Kritik (unsachlich; öffentlich; es wird nur das Negative gesehen)
- Zu wenig Förderung/Weiterbildung (keine Aufstiegschancen)
- Die Vorgesetzten sind zu überheblich
- Keine Mitsprachemöglichkeiten bei Änderungen
- Fehlende oder unzureichende Ein- und Unterweisung
- Hektik, Termindruck, Streß
- Unklare Anweisungen
- Zu wenig Kontakt mit den Mitarbeitern
- Mangelndes Verständnis für Probleme der Mitarbeiter
- Mangel an Autorität
- Die Vorgesetzten können nicht zuhören

Mitarbeiter im Unternehmen sind derart miteinander verwoben, daß Schnittstellen nur durch eine gute Kommunikation reibungslos funktionieren können. Darüber hinaus werden die Mitarbeiter immer selbstbewußter und engagierter, setzen sich mit viel Verantwortungsbewußtsein für ihre Aufgaben ein und wollen im Gegenzug dann auch am betrieblichen Geschehen beteiligt werden.

Damit ist das Gespräch mit den Mitarbeitern einerseits Selbstzweck, andererseits Vehikel für eine **Vielzahl von Führungsaufgaben**, wie z. B.:

- Ziele vereinbaren,
- delegieren und koordinieren,
- motivieren,
- kontrollieren,
- Leistungen beurteilen,
- Anerkennung und Kritik aussprechen.

Der Experte rät: *Sprechen Sie mit Ihren Mitarbeitern und fragen Sie nach deren Meinung. So setzen Sie sich mit der Realität auseinander, vermindern das Risiko von Fehleinschätzungen und erzielen echte Problemlösungen.*

Zwei besonders wichtige Gesprächsanlässe sind die Vereinbarung von Zielen und die Beurteilung der Leistungen der Mitarbeiter.

In den 70er und 80er Jahren sind unter der Bezeichnung „Management by" zahlreiche Führungstechniken aufgekommen oder altbewährte Methoden unter einem neuen klangvollen Namen erschienen. Management-by-Techniken sind konkrete Führungstechniken, die den Manager bei der Ausübung seiner Führungstätigkeit unterstützen sollen. Sie ermöglichen die selbständige und eigenverantwortliche Bearbeitung einzelner Arbeitsgebiete und bieten einen Rahmen zur Ermittlung der Leistung der Mitarbeiter und der Vorgesetzten. Sie behandeln zumeist jeweils einen speziellen Aspekt der Führungstätigkeit (z. B. Delegation) und stellen seine Auswirkungen auf die gesamte Managementtätigkeit sowie die Organisation dar.

Die meisten dieser Management-by-Konzepte betrachten lediglich einen Teilbereich der Mitarbeiterführung; ein umfassendes Führungskonzept ist nur beim Management-by-objectives verwirklicht. Grundlage dieses Modells ist die Zielvereinbarung zwischen Vorgesetztem und Mitarbeiter, in der Aufgaben, Entscheidungskompetenz, aber auch Erwartungen an die Leistung des Mitarbeiters klar definiert sind. Die Zielvereinbarung bildet die Basis für regelmäßiges Feedback durch den Vorgesetzten bzw. für die offizielle Mitarbeiterbeurteilung. Wegen seiner Bedeutung wird das Führen mit Zielen ergänzend zum eigentlichen Zielvereinbarungsgespräch in Kapitel 3 dargestellt.

Ein Gespräch über die Leistungen der Mitarbeiter sowie deren Stärken und Schwächen verlangt nach zuverlässigen Grundlagen. Die notwendigen Informationen liefert ein faires und transparentes System der Mitarbeiterbeurteilung. Die Mitarbeiterbeurteilung bildet wiederum in vielen Fällen den Ausgangspunkt für weitergehende Personalentscheidungen (Beförderungen, Weiterbildung, Bildung von Arbeitsgruppen ...). Sie wird in Kapitel 4 ausführlich behandelt.

Mitarbeitergespräch, Zielvereinbarung und Mitarbeiterbeurteilung sind entscheidende Instrumente einer erfolgreichen Personalführung. Bei der Bedeutung dieser Instrumente ist es erstaunlich, daß viele Vorgesetzte nur selten Gespräche mit ihren Mitarbeitern führen. Der oft genannte Zeitmangel ist sicherlich nur ein Grund. Tatsächlich ist es aber vielfach auch das Unbehagen:

- Das Mitarbeitergespräch ist nicht in allen Punkten planbar;
- wer mit seinen Mitarbeitern Ziele vereinbart, muß sich zunächst über die eigenen Ziele Klarheit verschaffen;
- die Beurteilung zwingt, auch unangenehme Dinge auszusprechen.

In dieser Hinsicht sollen die nachfolgenden Ausführungen Abhilfe schaffen, praxisnahe Unterstützung bieten und Sicherheit vermitteln für zukünftige Mitarbeitergespräche.

2 Mitarbeitergespräche führen

2.1 Definition und Zuständigkeit

Zum Mitarbeitergespräch zählen alle Gespräche zwischen Vorgesetzten und ihren Mitarbeitern, die über die routinemäßige Alltagskommunikation hinausgehen.

Kommunikation, die im direkten Zusammenhang mit der Erledigung der Arbeit steht, wie z. B. laufende Arbeitsanweisungen des Vorgesetzten oder das Einholen einer kurzen Information durch den Mitarbeiter, um im Arbeitsprozeß voranzukommen, fallen im Rahmen dieser Ausführungen also nicht unter den Begriff Mitarbeitergespräch. Vielmehr geht es um besondere Anlässe oder Themen, die den Vorgesetzten und den Mitarbeiter veranlassen, sich zusammenzusetzen und ihre Meinungen auszutauschen.

Zusätzlich wird der Begriff Mitarbeitergespräch durch folgende Merkmale verdeutlicht:

- Mitarbeitergespräche können sowohl zu regelmäßigen, geplanten Terminen (z. B. Beurteilungs- oder Fördergespräche) als auch anlaßbezogen (z. B. Feedbackgespräche) stattfinden.
- Mitarbeitergespräche werden i. d. R. vom direkten Vorgesetzten geführt. Nur in Ausnahmefällen wird diese Aufgabe vom nächsthöheren Vorgesetzten oder von Mitarbeitern der Personalabteilung wahrgenommen.
- Mitarbeitergespräche sind zumeist Vier-Augen-Gespräche. In Einzelfällen (z. B. bei Gesprächen mit disziplinarischem Inhalt) kann es vorkommen, daß der Vorgesetzte oder der Mitarbeiter eine weitere Person zum Gespräch hinzuzieht (z. B. ein höherer Vorgesetzter, ein Mitarbeiter der Personalabteilung, ein Mitglied des Betriebsrates). In bestimmten, vom Gesetz genannten Fällen kann der Mitarbeiter die Teilnahme eines Betriebsratsmitglieds verlangen (§ 82 Abs. 2 BetrVG).
- Mitarbeitergespräche haben immer einen bestimmten Sachinhalt und eine Zielsetzung (vgl. die folgende Liste). Damit unterscheiden sie sich deutlich von der reinen Unterhaltung, die ausschließlich der Kontaktpflege zum Mitarbeiter dient.

Mit Blick auf diese Inhalte wird auch deutlich: Mitarbeitergespräche sind Führungsaufgaben und daher nicht delegierbar. Allenfalls können Teile der Gesprächsvorbereitungen, wie z. B. das Zusammentragen und Aufbereiten von Informationen oder das Organisieren von Besprechungsräumen, von anderen Mitarbeitern wahrgenommen werden.

Anlässe und Themen von Mitarbeitergesprächen
• Informationen gewinnen und weitergeben • Ziele vereinbaren • Sachaufgaben besprechen • Kompetenzen und Verantwortung übertragen • Kenntnisse und Fertigkeiten an die Mitarbeiter weitergeben • Gute Leistungen anerkennen • Unzureichende Leistungen kritisieren und verbessern • Einführung in die Betriebsgemeinschaft • Erfahrungsaustausch • Lösung betrieblicher Probleme • Unterstützung der Mitarbeiter in betrieblichen und persönlichen Fragestellungen • Mitarbeiter motivieren • Klärung disziplinarischer Fragestellungen • Unterstützung bei persönlichen Problemen des Mitarbeiters • Entwicklung und Förderung der Mitarbeiter • Austrittsgespräche

Abweichend von der vorstehenden Definition wird der Begriff Mitarbeitergespräch teilweise auch in einem engeren Sinn verwendet. Manche Betriebe bezeichnen damit nur ganz bestimmte, in festem, meist jährlichen Turnus stattfindende Gespräche (z. B. das Jahresmitarbeitergespräch). Der Inhalt solcher Gespräche ist zumeist die Festlegung von Zielen für die nächste Periode, häufig auf der Grundlage der Mitarbeiterbeurteilung. Diese Gruppe von Gesprächen macht nur einen Teil dieses Buches aus (vgl. Seite 61 ff.). In manchen Betrieben wird neuerdings der Begriff Mitarbeitergespräch an Stelle des Begriffs Mitarbeiterbeurteilung verwendet.

Vom Mitarbeitergespräch ist die **Mitarbeiterbesprechung** zu unterscheiden, die der Vorgesetzte mit einer Gruppe von Mitarbeitern führt.

2.2 Die besondere Gesprächssituation im Mitarbeitergespräch

Die allgemeinen Regeln der Gesprächsführung gelten auch für Mitarbeitergespräche. Allerdings müssen beim Mitarbeitergespräch wegen der besonderen Vorgesetzten-Mitarbeiter-Situation einige zusätzlich Aspekte beachtet werden.

Beispiel:

Der Vorgesetzte sagt zu seinem Mitarbeiter: „Hier ist Ihnen ein Fehler unterlaufen; überarbeiten Sie den Bericht bitte noch einmal."
Ein Vorgesetzter kann das so formulieren. Es ist jedoch kaum vorstellbar, daß der Mitarbeiter in der gleichen Weise mit seinem Vorgesetzten reden würde, obwohl es sich hierbei um eine recht neutrale Sachaussage handelt.

Sowohl beim Vorgesetzten als auch beim Mitarbeiter kommt immer das Wissen um die bestehenden Rangunterschiede hinzu. Die Kommunikationsliteratur spricht von einer **asymmetrischen Beziehung**. Daran ändert sich auch nichts, wenn sich immer mehr Vorgesetzte um einen partnerschaftlichen (kooperativen) Führungsstil bemühen. Beiden Partnern ist immer bewußt, daß der Vorgesetzte aufgrund der Machtverteilung Entscheidungen treffen kann, die der Mitarbeiter akzeptieren muß. Das kann im Mitarbeitergespräch zu negativen Auswirkungen führen:

- Die Mitarbeiter haben möglicherweise Hemmungen, alle Gedanken offen auszusprechen.
- Mitarbeiter schweigen, wenn sie abweichende Auffassungen haben, um nicht widersprechen zu müssen oder formulieren ihre Beiträge insgesamt vorsichtiger.
- Das Gespräch hat nur Alibifunktion, da der Vorgesetzte seine Entscheidung bereits getroffen hat.
- Vorgesetzte halten Monologe und lassen es erst gar nicht zu einem echten Meinungsaustausch kommen.
- Die Mitarbeiter werden durch suggestive Formulierungen veranlaßt, die Meinung des Vorgesetzten zu übernehmen.

Der Experte rät: ***Berücksichtigen Sie immer die Besonderheiten des Mitarbeitergespräches. Verleugnen Sie nicht die hierarchische Position, die Sie gegenüber Ihrem Gesprächspartner einnehmen. Auch der Mitarbeiter wird diese nicht aus den Augen verlieren.***

Auch wenn die Initiative für ein Mitarbeitergespräch von beiden Seiten ausgehen kann, so tragen Sie als Vorgesetzter eine besondere Verantwortung für eine erfolgreiche Gesprächsführung.

Konkret bedeutet dies:

- Nehmen Sie sich Zeit für die Anliegen Ihrer Mitarbeiter. Bringen Sie im Gespräch die notwendige Geduld auf, um den Mitarbeiter ausreichend zu Wort kommen zu lassen.

- Unterstützen Sie Ihre Mitarbeiter, wenn diese ihr Anliegen vortragen, z. B. durch aktives Zuhören oder den Einsatz von Fragetechniken.
- Greifen Sie die Vorschläge, Bedenken und Sichtweisen Ihrer Mitarbeiter auf, und setzen Sie sich mit diesen auseinander.
- Kein Gespräch ohne Ergebnis! Treffen Sie mit Ihren Mitarbeitern Vereinbarungen und achten Sie auf deren Umsetzung.

Richtig geführte Mitarbeitergespräche bringen für Vorgesetzte und Mitarbeiter eine Reihe von Vorteilen mit sich:

- Die Kommunikation über die sachlichen Aufgaben wird gefördert. Probleme (z. B. in der Projektabwicklung) schiebt der Mitarbeiter nicht lange vor sich her, sondern bespricht diese mit dem Vorgesetzten und gelangt so zu einer raschen Lösung.
- Diese Art der Zusammenarbeit fördert das Vertrauen zwischen Vorgesetztem und Mitarbeiter:
  - durch die gegenseitige Information versteht man die Situation und Sichtweise des anderen besser und kann diese leichter nachvollziehen,
  - Mißverständnisse und Vorurteile werden abgebaut,
  - Gerüchte werden vermieden,
  - Hierarchieebenen werden überwunden, das Wir-Gefühl und eine partnerschaftliche Zusammenarbeit wird gefördert.
- Die Mitarbeiter werden besser am betrieblichen Geschehen beteiligt und werden dieses Vertrauen mit Engagement und Übernahme von Verantwortung quittieren.

2.3 Grundlagen der Kommunikation

Eigentlich scheint Kommunikation ganz einfach zu sein: Einer sagt etwas und geht davon aus, daß der andere es genauso versteht. Dies ist leider nicht immer der Fall; die Realität sieht ganz anders aus. Das Verständnis zwischen zwei Gesprächspartnern kann durch zahlreiche Hindernisse beeinträchtigt werden.

Der Experte rät: ***Denken Sie immer daran: Eine Nachricht ist nicht das, was der Sprecher sagt, sondern das, was beim Empfänger ankommt und verstanden wird.***

Wer die nachfolgend beschriebenen Grundlagen der Kommunikation beachtet und sich die damit verbundenen Probleme bewußt macht, hat bereits den ersten Grundstein für eine erfolgreiche Gesprächsführung gelegt.

Das erweiterte Kommunikationsmodell

Kommunikation besteht zunächst immer aus **drei Faktoren**:

- dem Sender,
- dem Empfänger und
- der eigentlichen Nachricht.

Probleme entstehen oft **bei der Übermittlung der Nachricht**, denn der Sender „verpackt" die Nachricht mit seinem persönlichen Zeichenvorrat. Das können verbale und nonverbale (körpersprachliche) Aussagen sein. Der Empfänger greift beim „Auspacken" der Nachricht seinerseits auf seinen eigenen Zeichenvorrat zurück, ebenfalls wieder verbal und nonverbal.

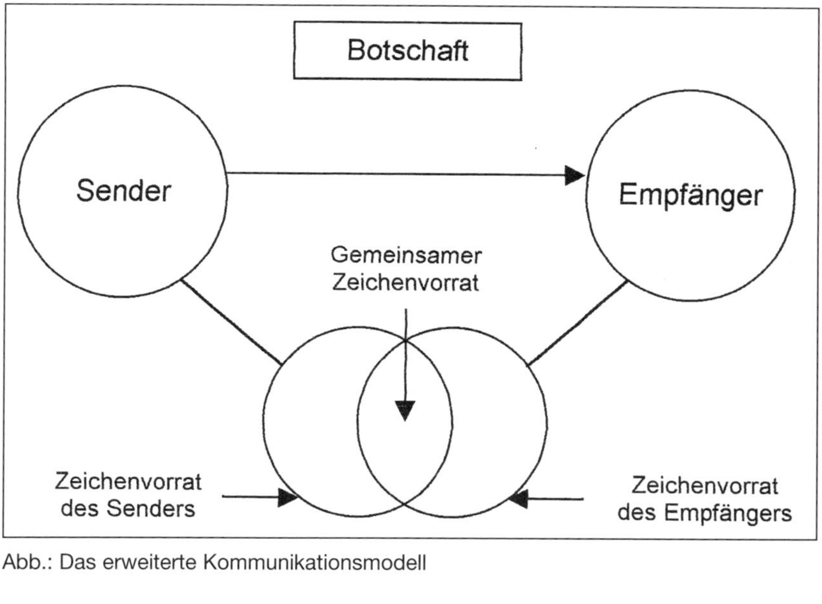

Abb.: Das erweiterte Kommunikationsmodell

Unklarheiten und Mißverständnisse entstehend immer dann, wenn Sender und Empfänger unterschiedliche Zeichen benutzen. Und dies ist nicht die Ausnahme, sondern die Regel. Sie entstehen, weil z. B.

- Fremdwörter oder Fachbegriffe benutzt werden, die der Gesprächspartner möglicherweise nicht kennt,

- man sich unklar ausdrückt, so daß der Gesprächspartner gedanklich nicht mehr folgen kann,
- weil Wörter mit mehreren Bedeutungen verwendet werden,
- Informationen und Vorerfahrungen vorausgesetzt werden, mit denen sich der Gesprächspartner nur wenig oder gar nicht auskennt.

Wichtig: Durch aktives Zuhören, Nachfragen und gegenseitige Rückmeldung (Feedback) sollten Vorgesetzter und Mitarbeiter dazu beitragen, den gemeinsamen Zeichenvorrat kontinuierlich zu erhöhen. So nimmt die Klarheit über das Gesagte immer stärker zu und Fehlinterpretationen werden vermieden.

Kommunikation ist also mehr als nur das gesprochene Wort. Nach der Theorie von Paul Watzlawick **kann man nie nicht kommunizieren**. Auch schweigen, sich umdrehen und weggehen beinhaltet für den Gesprächspartner eine Nachricht.

Neben dem gesprochenen Wort sind auch noch Mimik, Gestik, Körperhaltung, Sprechweise usw. an der Kommunikation beteiligt. Diese werden unter dem Begriff nonverbale Kommunikation zusammengefaßt. Sie können ebenso wie die verbale Kommunikation zu einer Reihe von Mißverständnissen führen:

Beispiel:

- *Bedeutet das Lächeln meines Gegenübers Zustimmung oder Ironie?*
- *Ist mein Gesprächspartner ein verschlossener Mensch, nur weil er beim Gespräch die Arme verschränkt?*
- *Bedeuten die übereinander geschlagenen Beine Ablehnung?*
- *Steckt der Partner die Hände aus Unsicherheit oder Lässigkeit (oder fehlender Kinderstube) in die Tasche?*

► Vier Ebenen einer Nachricht

Schulz von Thun unterscheidet im Kommunikationsprozeß zwischen Sach- und Beziehungsebene, Selbstoffenbarung und Appell. So entsteht das Bild vom „vierohrigen Sender und Empfänger".

Probleme im Kommunikationsprozeß entstehen, weil

- je nach Tonfall, der Empfänger die Nachricht anders übersetzt als sie eigentlich gemeint war und dann entsprechend reagiert und/oder
- beim Empfänger ein bestimmtes „Ohr" dominiert

Sender	Vier Ebenen einer Aussage	Empfänger
Die reine Sachinformation, die ich weitergebe.	**Sachinhalt**	Die reine Sachinformation, die ich erfahre.
Informationen über mich selbst. Was ich glaube zu wissen und zu können. Was ich – bewußt oder unbewußt – über mich selbst preisgebe.	**Selbstoffenbarung**	Was der Sender über sich selbst preisgibt. Hintergründe, die der Sender mit der Nachricht gemeint und gewollt hat.
Welche Beziehung ich zum Empfänger habe, z. B. Wert- / Geringschätzung, Bevormundung, Über-/ Unterordnung.	**Beziehung**	Wie sich der Sender mir gegenüber verhält, wie er mit mir spricht.
Wozu ich den Empfänger veranlassen will, was er tun oder unterlassen soll.	**Appell**	Zu was mich der Sender veranlassen will. Was ich tun, denken, fühlen soll.

Beispiel:

Der Vorgesetzte		***Die Sekretärin***
„Für die anstehende Dienstreise haben Sie den falschen Flug gebucht."	***Sachaussage***	*„Ich habe den falschen Flug gebucht."*
„Um sicher zu gehen, kontrolliere ich die Flugdaten lieber noch einmal persönlich."	***Selbstoffenbarung***	*„Mein Chef verläßt sich nur auf sich selbst."*
„Sie ist eine gute Mitarbeiterin und schließlich kann jedem einmal ein Fehler unterlaufen."	***Beziehung***	*„Er glaubt, ich kann noch nicht einmal einen Flug richtig buchen."*
„Bitte buchen Sie den Flug um."	***Appell***	*„Ich muß mich sofort um die Umbuchung kümmern."*

Besonders häufig entstehen Kommunikationsprobleme auf der Beziehungsebene und verstärken sich, weil sich der Gesprächspartner mit den auf dieser Ebene verbundenen Gefühlen und Sichtweisen nicht auseinandersetzt. Dieser Effekt kann im Mitarbeitergespräch wegen der bestehenden Hierarchieunterschiede noch verstärkt werden.

▶ Selbsterfüllende Prophezeiung

Auch die sogenannte selbsterfüllende Prophezeiung ist von Paul Watzlawick beschrieben worden. Dabei geht es um das Phänomen, daß man etwas vorhersagt, und nur, weil man es vorhergesagt hat, tritt diese Situation auch tatsächlich ein.

Beispiel:
Ein Vorgesetzter ist sich sicher, daß kaum ein Mitarbeiter so zuverlässig arbeitet, wie er selbst. Daher glaubt er, alle Arbeiten noch einmal selbst kontrollieren zu müssen.
Wenn ein Vorgesetzter den Mitarbeitern mit dieser negativen Grundeinstellung begegnet, so werden diese rasch entmutigt, verunsichert und machen unweigerlich Fehler. Der Teufelskreis schließt sich, denn die Einschätzung des Vorgesetzten hat sich bestätigt.

Selbsterfüllende Prophezeiungen können aber auch auf der Seite der Mitarbeiter entstehen.

Beispiel:
Ein Mitarbeiter bildet sich ein: „Egal, wie ich den Vortrag vorbereite, mein Chef wird doch alles wieder auf seinen eigenen Stil umschreiben. Da brauche ich mir gar nicht erst die ganze Mühe machen."
Die Reaktion des Vorgesetzten liegt auf der Hand. Weil sich der Mitarbeiter offensichtlich keine Mühe gegeben hat, wird der Vorgesetzte den Vortrag umschreiben und dabei automatisch seinen eigenen Stil einfließen lassen. Die Prophezeiung hat sich erfüllt.

Der Experte rät: ***Überprüfen Sie Ihre Einstellung gegenüber Ihren Mitarbeitern. Stellen Sie fest, ob Sie nicht bestimmte Verhaltensweisen durch Ihr eigenes Verhalten „provoziert" haben.***

▶ Johari-Fenster

Menschen werden von ihren Gesprächspartnern vielfach anders wahrgenommen, als sie sich selbst sehen. Untersuchungen von Joe Luft und Harry Ingham haben zur Entwicklung des nach ihnen benannten „Johari-Fensters" geführt, das jedem Menschen vier verschiedene Perspektiven zuordnet:

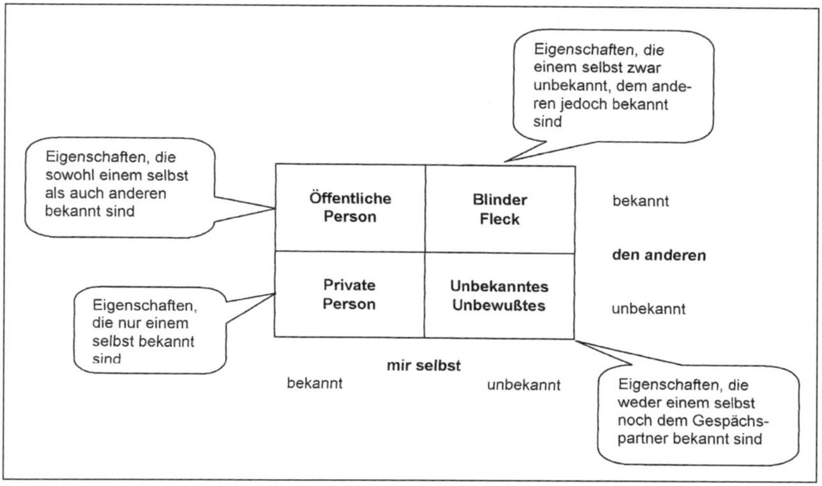

Abb.: Johari-Fenster

Für das Kommunikationsverhalten bedeutet dies, daß man sich zunächst einmal bewußt sein muß, einen solchen „blinden Fleck" zu besitzen. Denn dieser ist häufig der Grund für Mißverständnisse im Gespräch. Durch die **Gesprächstechnik „Feedback"** gelingt es jedoch, diesen blinden Fleck zu verkleinern, Eigen- und Fremdbild einander anzunähern und so die Gesprächsführung zu optimieren.

2.4 Gesprächsvorbereitung

Die Bedeutung der Vorbereitung auf ein Gespräch wird häufig unterschätzt. Mit Blick auf das Tagesgeschäft ist man schnell der Meinung, die wesentlichen Aspekte des Gesprächsthemas eigentlich im Kopf zu haben und verzichtet daher auf die Vorbereitung. Doch nicht immer ist Verlaß auf eine umfassende Gesprächsroutine oder die Fähigkeit zur Improvisation.

Durch eine angemessene Vorbereitung stellen Sie sicher, daß

- sich die **Gesprächsdauer** in einem angemessenen Rahmen hält,
- Sie sich nicht auf der Beziehungsebene festfahren,
- die **Gesprächsziele** erreicht werden oder man ihnen zumindest näher kommt und
- die Gespräche mit einem für beide Seiten akzeptablen Ergebnis enden.

► Organisatorische Vorbereitung

Die Frage, ob **schriftlich oder mündlich** eingeladen wird, hängt vom Gesprächsanlaß ab. Zu komplexeren Gesprächen, die in einem festen Turnus stattfinden (z. B. Zielvereinbarungs-, Jahres- oder Beurteilungsgespräch), kann schriftlich eingeladen werden. Kurzfristigere und weniger umfangreiche Gespräche (z. B. Einführungsgespräch oder Zwischenfeedback) werden meist mündlich abgesprochen.

> Wichtig: Sorgen Sie dafür, daß der Mitarbeiter rechtzeitig und vollständig informiert wird, und zwar über Zeitpunkt, Ort und Anlaß des Gespräches. So kann sich auch der Mitarbeiter auf das Gespräch vorbereiten.

Termin und Ort sollten so gewählt werden, daß das Gespräch in Ruhe und ohne Unterbrechungen geführt werden kann. Die eigentliche Gesprächsdauer hängt vom jeweiligen Anlaß und den beteiligten Personen ab; einen Richtwert gibt es nicht.

Der Experte rät: ***Planen Sie nicht nur Zeit für Ihre eigenen Themen ein, sondern auch für die Anliegen Ihres Gesprächspartners.***

Und **welcher Ort** eignet sich am besten? Die meisten Mitarbeitergespräche werden sicherlich im Büro des Vorgesetzten geführt. Verschanzen Sie sich aber nicht hinter Ihrem Schreibtisch, sondern nutzen Sie z. B. einen geeigneten Besprechungstisch. Damit signalisieren Sie dem Mitarbeiter, daß das Gespräch für Sie eine besondere Bedeutung hat. Wenn Sie selbst über kein eigenes Büro verfügen, sollten Sie einen zentralen Besprechungsraum benutzen.

Auch der **Arbeitsplatz des Mitarbeiters** kann als Gesprächsort gewählt werden, wenn die notwendige Ruhe herrscht und die Vertraulichkeit sichergestellt ist. Durch ein Gespräch am Arbeitsplatz entziehen Sie der Vorgesetzten-Mitarbeiter-Situation, die für viele Mitarbeiter gesprächshemmend wirkt, ein Stück weit die Basis und schaffen Vertrauen beim Mitarbeiter.

Die **wichtigsten Aspekte** der organisatorischen Gesprächsvorbereitung sind in der nachfolgenden Übersicht zusammengefaßt.

Übersicht: Organisatorische Gesprächsvorbereitung
• Wann findet das Gespräch statt? ______ • Wurde genügend Zeit eingeplant? ______ • Wo findet das Gespräch statt? ______ • Wurde (falls nötig) ein Besprechungsraum gebucht? ______ • Ist der Besprechungsraum vorbereitet? ______ • Sind Störungen ausgeschlossen? ______ • Wurde der Mitarbeiter rechtzeitig informiert über – Termin und Ort, ______ – Gesprächsinhalt, ______ – notwendige Vorbereitungen? ______ • Sind alle benötigten Unterlagen vorbereitet? ______ • Stehen die notwendigen Hilfsmittel zur Verfügung (z. B. Visualisierungshilfen, Block)? ______ • Bestehen faire Sitzverhältnisse? ______ • Steht eine Bewirtung bereit? ______ • Gibt es weitere Gesprächsteilnehmer? ______ – Sind diese über Zeitpunkt, Ort und Inhalt des Gesprächs informiert? ______ – Wer übernimmt welchen Gesprächsteil? ______

Ziel und Inhalt des Gesprächs

Das Mitarbeitergespräch ist ein **Zweckgespräch**, das mit einer ganz bestimmten Absicht geführt wird. Das zeigen auch die verschiedenen Gesprächsanlässe. Vorgesetzter und Mitarbeiter verfolgen im Mitarbeitergespräch ganz bestimmte Ziele, die sie erreichen wollen. Je mehr Klarheit über das verfolgte Ziel besteht, um so besser kann die Gesprächsführung darauf ausgerichtet werden und um so leichter kann überprüft werden, ob das Ziel auch erreicht wurde. Am Ende des Gesprächs sollte jeder Teilnehmer das Gefühl haben, etwas erreicht zu haben.

Außerdem muß das Gesprächsziel realistisch sein, d. h. im Mitarbeitergespräch müssen rechtlich mögliche und persönlich zumutbare Ziele vertreten werden. Um über die notwendige Flexibilität zu verfügen, ist in manchen Gesprächen zwischen einem wünschenswerten Maximalziel und dem mindestens zu erreichenden Minimalziel zu unterscheiden. Für den Fall, daß die ursprüngliche Zielrichtung aufgrund neuer, sich erst im Gespräch ergebender Tatbestände dennoch nicht verfolgt werden kann, können zusätzlich Alternativziele überlegt werden.

Durch die Formulierung von Minimal- oder Alternativzielen besteht auch die Möglichkeit, dem Mitarbeiter auf jeden Fall eine Zusage machen zu können, so daß er nicht ohne jeden Erfolg aus dem Gespräch geht.

Nachfolgend sind zwei Beispiele über mögliche Zielsetzungen im Mitarbeitergespräch aufgeführt.

Beispiel 1: *Gespräch über die Arbeitszeit*
Ein Vorgesetzter möchte einen Mitarbeiter, der bisher keine Schicht arbeitet, dafür gewinnen, im Drei-Schicht-Betrieb zu arbeiten. Es wird unterstellt, daß die rechtlichen Voraussetzungen (Betriebsrat) für eine Sieben-Tage-Woche und Drei-Schicht-Betrieb vorliegen.

Maximalziel: *Mitarbeiter stimmt zu, im Drei-Schicht-Betrieb über 7 Arbeitstage verteilt zu arbeiten.*
Minimalziel: *Mitarbeiter stimmt mindestens zu, im Drei-Schicht-Betrieb über 5 Arbeitstage zu arbeiten.*
Alternativziel: *Mitarbeiter arbeitet im Zwei-Schicht-Betrieb (ursprüngliches Ziel Drei-Schicht-Betrieb wurde aufgegeben).*

Beispiel 2: *Gehaltsgespräch*
Ein Mitarbeiter, der außerhalb der tariflichen Änderungen schon lange nicht mehr berücksichtigt wurde, hat um ein Gehaltsgespräch gebeten. Wegen der angespannten wirtschaftlichen Situation möchte der Vorgesetzte mit einer sehr niedrigen oder ganz ohne eine Gehaltserhöhung durchkommen und überlegt sich deshalb Alternativen, um den Mitarbeiter zufriedenzustellen.

Maximalziel: *Weder finanzielle noch sonstige Zusagen (das wäre allerdings unrealistisch, denn dann hätte der Mitarbeiter im Gespräch keinerlei Erfolgserlebnis).*
Minimalziel: *Kleine Erhöhung des Entgelts, welche die bestehenden Relationen in der Arbeitsgruppe nicht zerstört.*
Alternativziele: *Großzügige Genehmigung der Teilnahme an Weiterbildungsmaßnahmen oder neue, attraktivere Abgrenzung des Aufgabengebiets mit späterer Auswirkung auf das Gehalt.*

Übersicht: Inhaltliche Gesprächsvorbereitung
• Um was geht es (Gesprächsthema, -anlaß)? ______
• Verfüge ich über ausreichend Informationen zum Gesprächsgegenstand? ______
• Notieren Sie sich alle Themen, die Sie im Gespräch ansprechen wollen. ______
• Welches Gesprächsziel wird verfolgt? ______
• Gibt es neben dem Hauptziel noch Teilziele oder Alternativziele, falls das Hauptziel nicht erreicht werden kann? ______
• Wie argumentiere ich, um mein Ziel zu erreichen? ______
• Mit welchen Einwendungen ist zu rechnen? ______
• Wie gliedere ich das Gespräch? ______
• Machen Sie sich vor dem Gespräch nochmals mit den für den Gesprächsanlaß relevanten Fakten vertraut. ______

Vorbereitung auf den Partner

Auch ein Sachgespräch wird nie völlig sachlich verlaufen. Denn schließlich reden zwei Menschen miteinander und nicht zwei Roboter. Je besser das Verhältnis zwischen diesen beiden Gesprächspartnern ist, um so mehr wird das Gespräch auf der Sachebene geführt, d. h. Inhalte werden besser verstanden, miteinander besprochen, und das Gespräch führt zu einer echten Lösung, Einigung oder Entscheidung.

Die nachfolgende Übersicht nennt Ihnen einige Aspekte, mit denen Sie sich auf Ihren Gesprächspartner als Mensch einstellen können.

Übersicht: Vorbereitung auf den Gesprächspartner
• Welche Einstellung habe ich zum Gesprächspartner (Vorurteile, Sympathie, Antipathie ...)? ______
• Wie schätze ich unsere Beziehung zueinander ein – auch aus seiner Sicht? ______
• Wie verliefen frühere Gespräche mit diesem Mitarbeiter? ______
• Was weiß ich über diesen Mitarbeiter (persönliche Situation, Gemeinsamkeiten, Hobby, Lieblingsthemen, Eigenarten ...)? ______
• Welche Ziele und Motive verfolgt der Mitarbeiter? ______
• Welche Taktik wird er im Gespräch vermutlich anwenden? ______
• Bei welchen Aspekten ist mit Zustimmung zu rechnen, wann mit Einwendungen? ______
• Was kann ich tun, wenn das Gespräch zu emotional wird? ______

Das nachfolgende Formular kann bei der Vorbereitung wichtiger Mitarbeitergespräche, für die eine schriftliche Vorbereitung erforderlich ist, verwendet werden. Die Schriftlichkeit fördert die Verbindlichkeit; im Gespräch dient Ihnen das Vorbereitungsblatt als eine Art „roter Faden“.

Gesprächsvorbereitung
Anlaß: ____________ Teilnehmer: ____________ Ort: ______ Termin/Uhrzeit: ______ Voraussichtl. Dauer: ____
Gesprächsziel: ____________ Teilziele: ____________ Alternative Ziele: ____________
Meine wichtigsten Argumente: ____________ ____________ ____________
Grobgliederung des Gesprächs: ____________ ____________
Der Gesprächspartner: Besondere berufliche / persönliche Situation: ____________ Besondere Eigenarten: ____________ Erwartete Einwendungen: ____________ ____________ Erfahrungen aus früheren Gesprächen: ____________ ____________

► Vorbereitung des Gesprächspartners

Effiziente Gespräche zeichnen sich durch eine gute Vorbereitung beider Gesprächspartner aus. Bereiten Sie sich daher nicht nur selbst gut vor, sondern veranlassen Sie auch den Mitarbeiter hierzu. Da vielen Mitarbeitern eine solche Vorbereitung nicht immer leicht fällt, sollten Sie diese durch einen entsprechenden **Fragenkatalog** dabei unterstützen. Das nachfolgende Beispiel zeigt einen solchen für ein anstehendes Jahresmitarbeitergespräch (vgl. Seite 61 ff.).

Vorbereitung auf das Jahresgespräch
– Fragenkatalog –

Als Vorbereitung auf das Jahresgespräch am ______ um ________ Uhr in _______________ bitte ich Sie, sich anhand der nachfolgenden Fragen Gedanken zu machen zu:

- Ihren Leistungen im vergangenen Jahr
- Ihrem Entwicklungsbedarf
- den Zielen für das nächste Jahr

Bitte geben Sie mir bis __________ eine Kopie der ausgefüllten Vorbereitungsunterlage.

Aufgaben:
- Beschreiben Sie die Hauptaufgaben des vergangenen Jahres.
- Welche zusätzlichen Aufgaben haben Sie im vergangenen Jahr neu übernommen?
- Welche dieser Aufgaben sind gut erledigt worden und warum?
- Welche dieser Aufgaben wurden nicht so gut erledigt und woran hat dies gelegen?
- Welche dieser Aufgaben machen Ihnen viel Spaß und welche bearbeiten Sie weniger gerne?

Stärken und Entwicklungsbedarf/äußere Faktoren:
- Welche Faktoren – persönlich und auch außerhalb der eigenen Person – haben Ihnen geholfen, gute Leistungen zu erzielen?
- Welche Faktoren – persönlich und auch außerhalb der eigenen Person – haben gute Leistungen behindert?
- Was macht Sie zufrieden und was erzeugt Frust?

Entwicklungsbedarf/Ziele für das nächste Jahr:
- Welche Ziele haben Sie sich für Ihre persönliche Entwicklung gesetzt und welche Maßnahmen sind zu deren Erreichung wichtig?
- Wo sehen Sie Veränderungen Ihres Aufgabenbereiches im kommenden Jahr und wo müssen deshalb Schwerpunkte gesetzt werden?
- In welchem Aufgabenbereich möchten Sie im nächsten Jahr Schwerpunkte setzen und warum?

Sonstiges
- Welche Erwartungen haben Sie an mich, Ihren Vorgesetzten?
- Über welche Dinge möchten Sie sonst noch sprechen?

2.5 Gesprächsführung

Die **Verantwortung für den Gesprächsablauf** liegt beim Vorgesetzten. Er ist der Erfahrenere und hat auf die Einhaltung der grundlegenden Regeln der Gesprächsführung zu achten. Vom Vorgesetzten hängt es letztlich ab, ob ein wirkliches Gespräch geführt wird, oder ob lediglich verschiedene Gesprächstechniken abgespult werden.

Der Experte rät: *Führen Sie keinen Monolog. Sprechen Sie nicht zu Ihrem Mitarbeiter, sondern mit ihm!*

Der Monolog drängt den Gesprächspartner in eine passive Rolle und überhäuft ihn lediglich mit Informationen. Wichtig ist aber der wirkliche Dialog zwischen Mitarbeiter und Vorgesetztem, also Fragen, Einwände, Argumente, Gegenargumente. Nur so fühlt sich der Mitarbeiter ernst genommen, und Sie können eine wirkliche Meinungs- oder Verhaltensänderung bewirken.

▶ Goldene Regeln

■ Jeder soll gewinnen

Häufig ist in Gesprächen zu beobachten, daß sich die Menschen aus Unsicherheit vor unplanbaren Situationen oder aufgrund des eigenen Absolutheitsanspruches nicht verstehen, sondern in erster Linie antworten wollen. Während der Gesprächspartner noch spricht, werden schon die nächsten Worte, Argumente und eine gute Formulierung überlegt. Solche Gespräche enden immer damit, daß sich der schwächere Gesprächspartner überrumpelt, überfahren oder überredet fühlt. Er geht als Verlierer aus dem Gespräch und baut damit Frustration und Mißtrauen gegenüber dem Gesprächspartner auf.

Wichtig: Arbeiten Sie im Mitarbeitergespräch deutlich heraus:

- **Sichtweisen und Bedürfnisse** Ihres Gesprächspartners,
- Ihre **eigene Meinung und Motive** sowie
- die daraus resultierenden Unterschiede.

Sicherlich gehört eine gute Portion Offenheit, Mut und Selbstvertrauen zu dieser Vorgehensweise. Sie werden ggf. mit Äußerungen konfrontiert, die Sie zunächst nicht absehen konnten. Möglicherweise entwickelt sich das

Gespräch in eine ungeplante Richtung. In einem solchen Fall hilft eine gute Gesprächsvorbereitung, aber auch Flexibilität in der Argumentation und Vertrauen in die eigene Kreativität und Improvisationsgabe.

Der Experte rät: ***Schaffen Sie sogenannte „Win-Win-Situationen": Am Ende des Gespräches sollten beide Gesprächspartner zumindest einen Teilerfolg erzielt haben.***

Wenn beide Gesprächspartner auf diese Weise ihren Bedürfnissen wenigstens ein Stück näher gekommen sind, wird Frustration vermieden.

Wertschätzung gegenüber dem Gesprächspartner

Achten Sie Ihren Gesprächspartner als Menschen. Machen Sie sich immer wieder bewußt, daß seine Meinungen und Verhaltensweisen oftmals von Ihren eigenen abweichen werden. Nehmen Sie ihm dies nicht übel, sondern versuchen Sie vielmehr, seinen Standpunkt, seine Motive und Bedürfnisse nachzuvollziehen. Suchen Sie mit ihm gemeinsam nach Lösungen, die für beide Seiten annehmbar sind.

Glaubwürdigkeit

Information und Kommunikation mit einem Mitarbeiter sind nur dann erfolgreich, wenn dieser von den ehrlichen Absichten des Vorgesetzten auch überzeugt ist. Die nachfolgende Checkliste enthält die wesentlichen Aspekte, die zu dieser Glaubwürdigkeit beitragen.

Checkliste: **Glaubwürdigkeit im Gespräch** ✔

Offenheit	Aktiv und zielgerichtet kommunizieren, damit die Mitarbeiter alle Informationen erhalten, die sie für ihre Arbeit benötigen. Die Mitarbeiter am eigenen Wissens- und Erfahrungsstand teilhaben lassen.	❑
Ehrlichkeit	Informationen nicht als Machtmittel oder Mittel zum Zweck einsetzen.	❑

Sach-kompetenz	Überzeugen Sie fachlich. Blocken Sie Einwände des Mitarbeiters nicht ab, sondern setzen Sie sich mit diesen sachlich auseinander. Geben Sie angelesenes Wissen nie als erlebtes Wissen aus. Finden Sie deutliche Worte und beziehen Sie Stellung. Stehen Sie dazu, wenn Sie etwas nicht wissen.	❑
Echtheit	Spielen Sie keine Rolle, sondern bleiben Sie Sie selbst. Nicht alles, was Sie meinen, müssen Sie auch sagen. Aber alles, was Sie sagen, müssen Sie auch meinen. Vermeiden Sie verdeckte Beeinflussung, sondern sprechen Sie Ziele und Absichten offen aus. Achten Sie darauf, daß verbale und nonverbale Botschaften übereinstimmen.	❑

Kein Zeitdruck

Planen Sie genügend Zeit für Ihre Anliegen und die Ihres Mitarbeiters ein! Vermeiden Sie Störungen und stellen Sie sicher, daß Sie in Ruhe und mit der notwendigen Aufmerksamkeit auf die Gesprächsinhalte eingehen können. Legen Sie zu Beginn des Gesprächs mit dem Mitarbeiter fest, wieviel Zeit zur Verfügung steht und welche Punkte besprochen werden sollen. Führen Sie das Gespräch dann zügig mit dem Blick für das Gesprächsziel durch. Überprüfen Sie anhand der folgenden Checkliste, ob Sie dazu neigen, während des Gesprächs Zeitdruck auszuüben.

Ich-Botschaften

Die meisten Menschen kommunizieren in sogenannten „Du-Botschaften":

Beispiel:
„Sie sollten die Berichte bis heute abend fertigstellen."

Diese „Du-Botschaften" bergen eine Reihe von negativen Assoziationen. Häufig drücken sie Wertungen und Urteile aus oder lassen – bewußt oder unbewußt – den Eindruck entstehen, man wisse es besser als der Gesprächspartner. Auf diese Weise entsteht ein Machtgefälle, dem der Gesprächspartner entweder mit einem offensiven Gegenangriff oder mit

Checkliste: **Zeitdruck im Gespräch**

	Ja	Nein
• Schaue ich zu häufig auf die Uhr?	☐	☐
• Tippe ich mit den Fingern auf die Tischplatte?	☐	☐
• Kritzle ich auf einem Stück Papier herum ?	☐	☐
• Beginne ich, die Unterlagen zusammenzuräumen?	☐	☐
• Formuliere ich die Gedanken des Partners zu Ende, wenn dieser sich umständlich ausdrückt?	☐	☐
• Unterbreche ich den Partner häufig?	☐	☐
• Spreche ich hektischer als sonst?	☐	☐
• Sitze ich unruhig auf meinem Stuhl?	☐	☐

einer defensiven Verteidigungshaltung begegnet. Eine offene und konstruktive Kommunikation ist häufig nicht möglich.

Geeigneter sind dagegen die sogenannten „Ich-Botschaften“. Auf diese Weise stülpt man dem Gesprächspartner nicht die eigenen Sichtweisen über oder unterstellt ihm irgendwelche Absichten. Vielmehr teilt man ihm mit, wie man die Situation selbst erlebt und gibt ihm so Gelegenheit, diesen Eindruck zu korrigieren.

Beispiel:
„Ich mache mir Sorgen, ob der Bericht bis heute abend fertig wird.“

Mit diesen Ich-Botschaften teilt man gleichzeitig etwas von den eigenen Empfindungen und Emotionen mit und signalisiert dem Gesprächspartner auf diese Weise Vertrauen. Ich-Botschaften sind damit auch das geeignete Instrument, dem Gesprächspartner nicht annehmbare Verhaltensweisen mitzuteilen.

Meta-Kommunikation

Meta-Kommunikation ist eine Gesprächstechnik, die man anwendet, wenn z. B. ein Gespräch sehr emotional geworden ist oder man sich mit den Argumenten im Kreise dreht. Meta-Kommunikation bedeutet, daß nicht mehr über das Sachthema gesprochen wird, sondern über die Kommunikation an sich.

Beispiel:

„Ich habe den Eindruck, daß wir eigentlich alle Argumente ausgetauscht haben und uns – aufgrund unterschiedlicher Auffassungen – nur noch im Kreise drehen. Ich würde gerne eine Lösung finden, die für beide Seiten akzeptabel ist."

Weitere **Tips zur Gesprächsführung** enthält die nachfolgende Übersicht.

Übersicht: Regeln zur Gesprächsführung
• Mitarbeitergespräche finden viel zu selten statt. Planen Sie bewußt, wann und worüber Sie mit Ihren Mitarbeitern sprechen werden. • Schenken Sie Ihrem Gesprächspartner Aufmerksamkeit! Machen Sie deutlich, daß es während des Gesprächs nichts Wichtigeres als den Gesprächspartner und das Gesprächsthema gibt. • Tragen Sie zu einem positiven Gesprächsklima bei. • Zeigen Sie Geduld. Fordern Sie Ihren Gesprächspartner auf, seine eigene Meinung zu formulieren und hören Sie ihm aktiv zu. Auch wenn er hierzu lange braucht, formulieren Sie seine Gedanken nicht zu Ende, sondern bieten Sie ihm allenfalls Formulierungshilfe an. • Auch wenn es schwer fällt, Schweigen und Stille zu ertragen, lassen Sie Sprechpausen zu. – Damit zeigen Sie Geduld, wenn der Mitarbeiter nicht sofort die richtigen Worte findet. – Sie signalisieren Interesse. – Sie geben dem Mitarbeiter Gelegenheit, einen eigenen Lösungsvorschlag zu formulieren. – Sie gewinnen Zeit für die eigene Argumentation. • Planen Sie genügend Zeit ein. Führen Sie keine Gespräche in Hast oder aus einer unmittelbaren Erregung heraus (Eine Nacht darüber schlafen!). Verschieben Sie ein Gespräch, falls Gefahr besteht, daß es nicht zu Ende geführt werden kann. • Keine vorgefaßten Meinungen. Gehen Sie offen in das Gespräch, reagieren Sie je nach Gesprächsverlauf flexibel, und urteilen Sie nicht vorschnell.

- Scheuen Sie sich bei Fehleinschätzung einer Situation (z. B. im Beurteilungsgespräch) nicht, auch einmal einen eigenen Irrtum zuzugeben oder ein Urteil zu revidieren.
- Der Ton macht die Musik. Formulieren Sie sachlich und werden Sie nicht persönlich. Führen Sie das Gespräch nicht „zu kurz angebunden“ oder in gereiztem Ton. Überprüfen Sie, ob Sie Ihre eigenen Formulierungen auch dem Gesprächspartner gestatten würden.
- Halten Sie die eigene Meinung zunächst zurück und lassen erst den Mitarbeiter sprechen. Fordern Sie schüchterne Mitarbeiter ausdrücklich auf, sich zu äußern.
- Gehen Sie auf die Ausführungen des Mitarbeiters ein. Nehmen Sie aber nicht zu früh Stellung, um den Mitarbeiter nicht zu beeinflussen.
- Achten Sie im Gespräch auf Ihr eigenes nonverbales Verhalten, aber auch auf das Ihres Gesprächspartners. Insbesondere Informationen auf der Beziehungsebene werden nonverbal kommuniziert. Ihre Worte und Ihr nonverbales Verhalten dürfen sich nicht unterscheiden; andernfalls wirken Sie unglaubwürdig.
- Zeigen Sie im Gespräch Emotionen, soweit die Beziehung und das Vertrauen gegenüber Ihrem Gesprächspartner dies zuläßt.
- Mißverständnisse haben viele Ursachen: Eine unterschiedliche Sprache, ungleiche Vorerfahrungen, gedankliche Abwesenheit im Gespräch. Seien Sie dafür sensibel und klären Sie Mißverständnisse möglichst rasch auf.
- Behandeln Sie die Gesprächsinhalte vertraulich. Dies gilt besonders, wenn der Mitarbeiter Ihnen Persönliches anvertraut hat.
- Versprechen Sie nichts, was nicht versprochen werden darf. (Ein Vorgesetzter kann z. B. nur selten ohne Rücksprache eine verbindliche Zusage über die Erhöhung des Arbeitsentgelts oder eine Versetzung machen; er kann allenfalls versprechen, sich dafür einzusetzen.)
- Haben Sie Mut, ein Gespräch abzubrechen, wenn alle wesentlichen Argumente ausgetauscht sind und keine Weiterentwicklung in der Sache zu erwarten ist.
- Führen Sie ergebnisorientierte Mitarbeitergespräche! Behalten Sie das Gesprächsziel im Auge, formulieren Sie Teil- und Zwischenergebnisse, treffen Sie mit dem Mitarbeiter verbindliche Vereinbarungen und halten Sie diese schriftlich fest.
- Führen Sie keine Alibigespräche, wenn bereits alle Entscheidungen verbindlich getroffen worden sind.
- Sorgen Sie für einen Gesprächsabschluß in gutem Einvernehmen (schließlich müssen Sie ja mit diesem Mitarbeiter weiter zusammenarbeiten). Vorher bestehende Mißverständnisse sollten durch das Gespräch ausgeräumt sein.

Fragetechnik

Die Fragetechnik ist eines der wichtigsten Instrumente einer erfolgreichen Gesprächsführung. Das gilt auch für das Mitarbeitergespräch. Richtig eingesetzt, nützt die Fragetechnik sowohl dem Fragesteller als auch dem Befragten. Im einzelnen kann die Fragetechnik sehr unterschiedlichen Zwecken dienen:

- **Fragen als Instrument, um ein Gespräch in Gang zu bringen:** Unsichere und verschlossene Mitarbeiter können durch einfache Fragen zum Reden gebracht werden. Oft reichen schon einige vorbereitete Eröffnungsfragen, um die Anfangshemmungen zu überwinden oder die notwendige Gesprächsatmosphäre herzustellen.
- **Fragen als Instrument, um Gespräche zielorientiert vorwärts zu bringen:** Wenn ein Gesprächspunkt abgehandelt ist, kann das Gespräch durch ein geeignete Frage weitergeführt werden. Oder das Gespräch wird durch Fragen bewußt in eine erwünschte Richtung oder auf ein zu besprechendes Problem gelenkt. Ein zurückhaltender Mitarbeiter kann durch Fragen zum Mitdenken oder zu einer Stellungnahme gezwungen werden (z. B. „Was meinen Sie dazu?").
- **Fragen als Instrument, um sich Informationen zu verschaffen:** Das ist sicherlich eine Hauptaufgabe einer richtig eingesetzten Fragetechnik. Bei vielen Gesprächsanlässen gilt es zunächst, Sachverhalte klarzustellen bzw. Probleme zu klären. Durch Fragen erfahren Sie aber auch mögliche Bedenken oder Einwendungen Ihrer Mitarbeiter und können Ihre eigene Argumentation mitarbeiterorientiert ausrichten.
- **Fragen als Instrument, um auf den Partner einzugehen:** Durch treffende Fragen zur Sache signalisieren Sie Ihrem Mitarbeiter, daß Sie an seinen Aussagen interessiert sind. Außerdem verdeutlichen Sie Ihre Bereitschaft, dem anderen aktiv zuzuhören.
- **Fragen als Instrument, um Zeit zu gewinnen:** Taktisch können Sie die Fragetechnik einsetzen, um sich bei einem überraschenden Argument Ihres Mitarbeiters vor einer zu raschen (unüberlegten!) Antwort zu schützen. Fragen sind außerdem eine bewährte Methode, um auf Einwendungen zu reagieren.

Neben diesen vielen Vorteilen dürfen einige Probleme beim Einsatz der Fragetechnik nicht verschwiegen werden. Die Frage soll weder zum bohrenden Ausfragen, noch als ein Instrument, um Ihre Mitarbeiter zu manipulieren, benutzt werden. Die nachfolgend dargestellten Fragearten verdeutlichen recht anschaulich, welche Fragen für eine zielgerichtete, mitarbeiterorientierte Gesprächsführung geeignet sind. Für sämtliche Beispiele wurde als Anwendungssituation ein Einführungsgespräch unterstellt.

Fragearten und Beispiele

(1) Offene Fragen lassen dem Befragten einen breiten Spielraum für die Antwort zu. Sie beginnen mit einem Fragewort (wozu, weshalb, womit, wieso, wie usw.) und können nicht mit „ja" oder „nein" beantwortet werden. Offene Fragen sind besonders gut geeignet, wenn umfassende Informationen erfragt werden sollen. Aber auch am Anfang eines Gesprächs oder bei schüchternen Mitarbeitern sind offene Fragen ein bewährtes Mittel, um das Gespräch in Gang zu bringen.

Beispiel:
Was für Erfahrungen haben Sie mit der Tabellenkalkulation?

(2) Geschlossene Fragen beginnen mit einem Verb oder Hilfsverb. Sie lassen sich in der Regel nur mit „ja" oder „nein" beantworten. Geschlossene Fragen eignen sich zur Steuerung von Gesprächen und als Entscheidungsfragen. Zu viele geschlossene Fragen können bei den Mitarbeitern auf Ablehnung (Verhör!) stoßen.

Beispiel:
Haben Sie Erfahrung mit der Tabellenkalkulation?

(3) Steuerungsfragen (hinführende Fragen) sollen (in nicht zu plumper Weise) die Gedanken der Gesprächspartner auf einen erwünschten Gesprächspunkt (Sachverhalt) hinlenken.

Beispiel:
Wie sah es in Ihrem früheren Betrieb mit Überstunden aus?

(4) Alternativfragen (Entscheidungsfragen) geben dem Befragten mit der Fragestellung Wahlmöglichkeiten für die nachfolgende Antwort vor. Bei richtiger Anwendung fällt die Antwort für den Fragesteller immer positiv aus.

Beispiel:
Möchten Sie zunächst lieber am Projekt A oder am Projekt B mitarbeiten?

(5) Kontrollfragen dienen dazu, festzustellen, ob die Partner einen Gedankengang mitvollzogen haben oder ob bestimmte Informationen oder Gesprächsergebnisse richtig verstanden wurden. Sie eignen sich auch für den Abschluß eines Gesprächs bzw. eines Teilabschnitts.

Beispiel:
Wir sind uns also einig, daß Sie zunächst in der Projektgruppe A beginnen werden?

(6) Ablenkungsfragen (weiterführende Fragen) leiten zu einem neuen Aspekt über, ohne daß auf die vorhergehenden Aussagen (Einwände, Behauptungen) eingegangen wird. Dadurch können – falls erwünscht – Diskussionen mit dem Partner oder Korrekturen seiner Aussagen vermieden werden.

Beispiel:
Mitarbeiter: Ich nehme an, daß ich den Firmenwagen auch privat nutzen kann!
Vorgesetzter (der auf diese Frage nicht vorbereitet ist): Was für ein Auto fahren Sie eigentlich privat?

(7) Provozierende Fragen sollen die Gesprächspartner aus der Reserve locken und damit die Diskussion in Gang bringen. Sie werden auch benutzt, um dem Partner Informationen herauszulocken, die er sonst möglicherweise zurückgehalten hätte. Wegen des negativen Einflusses auf die Gesprächsatmosphäre und der besonderen Situation sollten provozierende Fragen im Mitarbeitergespräch möglichst vermieden werden.

Beispiel:
Mußten Sie bei Ihrer früheren Tätigkeit auch einmal wirkliche Entscheidungen treffen?

(8) Motivationsfragen (stimulierende Fragen) sollen durch „partnerfreundliche" Formulierungen (Streicheleinheiten!) das Gesprächsklima positiv beeinflussen. Sie werden allerdings häufig als manipulativ (unehrlich) oder als ironisch empfunden.

Beispiel:
Würden Sie mit Ihrer großen Erfahrung in der Tabellenkalkulation zunächst in der Arbeitsgruppe D arbeiten?

(9) Suggestivfragen beinhalten bereits eine Meinung und sollen bewirken, daß sich die Befragten dieser Meinung anschließen. Die Beeinflussung wird durch die Wörter 'doch', 'auch', 'sicher', 'ebenfalls' usw. erreicht. Wegen ihres manipulativen Charakters stoßen Suggestivfragen auf Ablehnung und sollten weitgehend vermieden werden.

Beispiel:
Es macht Ihnen doch sicherlich nichts aus, gelegentlich einmal Überstunden zu machen?

(10) Bei einer Gegenfrage (Rückfrage) wird auf eine Frage des Partners nicht die mögliche Antwort gegeben, sondern mit einer Gegenfrage reagiert. Das verschafft in jedem Fall einen minimalen Zeitgewinn; außerdem bewirkt die Gegenfrage in vielen Fällen, daß die ursprüngliche Fragestellung abgewandelt wird bzw. völlig verlorengeht oder vom Fragesteller selbst beantwortet wird. Häufig erbringt die Gegenfrage auch zusätzliche Informationen, an denen sich die spätere Antwort orientieren kann. Die Gegenfrage hat teilweise destruktiven Charakter oder wird als unhöflich empfunden, deshalb sollte sie nur in Engpaßsituationen eingesetzt werden.

Die beiden einfachsten Formen der Gegenfrage liegen vor, wenn Sie so tun, als ob Sie die Frage Ihres Partners akustisch oder inhaltlich nicht verständen hätten.

Beispiel:
Wie bitte?
Wie meinen Sie das?

Über diese „Notlösungen" hinaus können mit der Gegenfrage ganz bestimmte gesprächstaktische Absichten verfolgt werden, wie sie schon bei den anderen Fragearten dargestellt wurden, z. B.:

Gegenfrage als Ablenkungsfrage
Gegenfrage als Kontrollfrage
Gegenfrage als Suggestivfrage
Gegenfrage als Alternativfrage

Einige der vorstehenden Beispiele zeigen, daß die Grenze zwischen fairem und unfairem Frageverhalten sehr eng sein kann. Sinn und Möglichkeiten der Fragetechnik wären verfehlt, wenn diese nur als Instrument einer destruktiven Gesprächsführung verstanden würde.

Neben dem Aspekt Fairness gibt es einige weitere Regeln, die grundsätzlich beachtet werden sollten:

- Stellen Sie nicht mehrere Fragen gleichzeitig! Sie laufen sonst Gefahr, daß nur die einfacheren beantwortet werden und der Rest verlorengeht.
- Geben Sie mit der Fragestellung keine Vorausinformationen, an denen sich die Befragten orientieren können! (Z. B. *„Bei dieser Tätigkeit müssen Sie viel unterwegs sein! Reisen Sie gerne?"*)

- Lassen Sie dem Befragten Zeit zum Nachdenken; beantworten Sie Ihre Frage nicht zu schnell selbst!
- Stellen Sie nicht zu viele Suggestivfragen!
- Formulieren Sie Ihre Fragen kurz und eindeutig!

► Richtiges Zuhören

Die mangelhafte Fähigkeit, dem anderen richtig zuzuhören, ist eine Ursache für viele Mißverständnisse im Gespräch. Wer im Gespräch richtig zuhört,

- erhält von seinem Gesprächspartner wichtige Sachinformationen,
- bringt ihm gegenüber Wertschätzung zum Ausdruck,
- lernt dessen Meinungen, Wünsche und Bedürfnisse kennen und kann entsprechend darauf reagieren,
- gewinnt wichtige Anhaltspunkte für die eigene Argumentation,
- vermeidet Mißverständnisse,
- regt den Gesprächspartner zum Weiterreden an und
- erarbeitet gemeinsam mit seinem Gesprächspartner echte Problemlösungen.

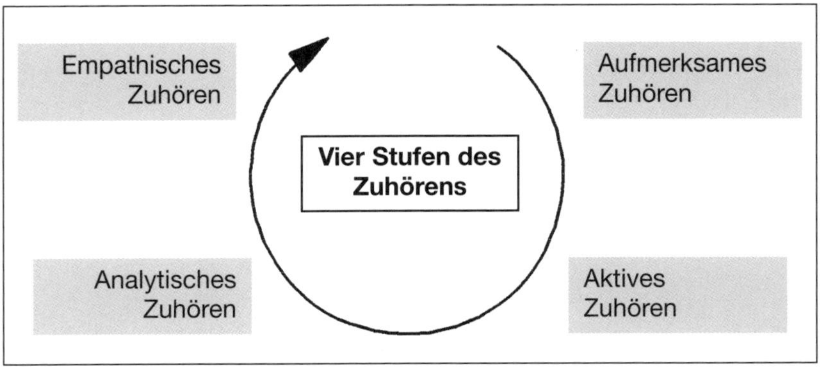

Abb.: Zuhören in Stufen

Aktives Zuhören, analytisches Zuhören, empathisches Zuhören ... schon diese Vielzahl von Begriffen zeigt, daß „Zuhören“ nicht gleich „Zuhören“ ist. Je nach der Qualität des Zuhörens können vier Stufen unterschieden werden.

Beim **aufmerksamen** Zuhören geht es zunächst um das passive, also rein akustische Verstehen. Dazu ist eine geräuscharme Umgebung sowie eine angemessene Lautstärke der Stimme notwendig. Hinzu kommt, daß die Gesprächspartner sich Zeit zum Zuhören nehmen müssen; zuhören „mal schnell im vorbeigehen“ führt meist dazu, daß nicht alles verstanden wird.

Der Experte rät: ***Signalisieren Sie Aufmerksamkeit durch nonverbales Verhalten, wie z. B. Blickkontakt, Sitzhaltung oder Kopfnicken. Vermeiden Sie, aus dem Fenster oder auf die Uhr zu schauen, mit Gegenständen zu spielen oder auf der Schreibtischunterlage herum zu malen; denn dadurch drücken Sie Desinteresse aus.***

Das **aktive** Zuhören geht einen Schritt weiter. Neben dem reinen akustischen Verstehen, geht es darum, zu begreifen, was der Gesprächspartner mit seinen Worten tatsächlich gemeint hat. Wichtig hierfür ist, dem Gesprächspartner Wertschätzung, Aufmerksamkeit und Interesse entgegenzubringen sowie beim Gespräch mitzudenken.

Checkliste: **Aktives Zuhören** ✔

- Schaue ich zu häufig auf die Uhr? ❑
- Fragen Sie nach! So zeigen Sie Interesse an Ihrem Gesprächspartner, ermuntern ihn zum Weiterreden und klären, wenn Sie etwas nicht verstanden haben. ❑
- Paraphrasieren Sie! Das bedeutet, daß Sie die sachliche Aussage Ihres Gesprächspartners mit eigenen Worten formulieren. ❑
- Greifen Sie die Aussagen Ihres Gesprächspartners auf oder wägen Sie seine Argumente und Sichtweisen ab; auch so demonstrieren Sie Interesse. ❑
- Fassen Sie die Gesprächsinhalte von Zeit zu Zeit zusammen. So sichern Sie wichtige Aussagen und Zwischenergebnisse und tragen zu einem strukturierten Gespräch bei. ❑

- Hören Sie geduldig zu. Unterbrechen Sie Ihren Gesprächspartner nicht und lassen Sie ihm Zeit, seine Gedanken zu formulieren. ❑

- Hören Sie dem Partner zu, bis er ausgesprochen hat. Denken Sie nicht zu früh darüber nach, was Sie als nächstes fragen oder sagen wollen. ❑

Gute Mitarbeitergespräche erfordern weiterhin ein **analytisches Zuhören**. Weil jeder Gesprächspartner im Sinne seiner eigenen Gesprächsziele argumentiert, ist es notwendig, den Inhalt der einzelnen Aussagen und Argumente auf sachliche Richtigkeit und Logik hin zu überprüfen. Insbesondere geht es darum, falsche Informationen, unlogische Schlußfolgerungen, Scheinargumente oder stillschweigende Voraussetzungen zu erkennen, damit sie das Gespräch nicht negativ beeinflussen können.

Der Experte rät: ***Stellen Sie fehlerhafte oder unlogische Äußerungen des Mitarbeiters richtig. Fassen Sie die Kernaussagen in eigenen Worten zusammen: „Habe ich Sie richtig verstanden, daß ...?“***

Letztlich geht es um das sogenannte **empathische Zuhören**, d. h., den anderen verstehen, bevor man selbst um Verständnis bittet. Empathisches Zuhören beinhaltet Einfühlungsvermögen, um Auswirkungen der Beziehungsebene im Gespräch zu erkennen und richtig darauf zu reagieren. Tatsächlich bemühen sich die meisten Menschen nicht, wirklich zuzuhören und zu verstehen. Sie bereiten sich vielmehr auf die eigene Antwort vor und wollen selbst verstanden werden. Sie betrachten das Gesagte meist nur aus dem eigenen Blickwinkel und fällen auf dieser Basis ihr Urteil.

Wichtig: Versetzen Sie sich, bevor Sie sich ein eigenes Urteil aus Ihrer Sichtweise bilden, in die Lage Ihres Gesprächspartners und versuchen Sie, ihn aus seiner Sicht zu verstehen. Erkennen Sie auf diese Weise seine Motive und Bedürfnisse, arbeiten Sie Unterschiede heraus, ohne den Gesprächspartner zu verletzen. Erst wenn Sie diese Unterschiede kennen, können Sie auch nach geeigneten Lösungen suchen.

Feedback

Feedback im Gespräch ist das geeignetste Instrument, um eine Brücke zwischen dem beabsichtigten und dem tatsächlich erzielten Kommunikationserfolg zu schlagen.

Beispiel:

Auf Ihren Mitarbeiter können Sie sich voll verlassen. Er arbeitet sehr sorgfältig und qualifiziert. Aus diesem Grund, und weil Sie selbst sehr überlastet sind, möchten Sie ihm kleinere Projekte eigenverantwortlich übertragen. Sie erklären ihm kurz den Sachverhalt und vereinbaren, welche Ziele bis wann erreicht werden sollen. Am vereinbarten Stichtag werden Sie jedoch von Ihrem Mitarbeiter enttäuscht, weil die vereinbarten Ziele nicht einmal ansatzweise erreicht worden sind.
Wie reagieren Sie?

Sie ärgern sich, räumen Ihrem Mitarbeiter eine letzte Frist ein und überlegen sich schon, ob er wirklich der geeignete Mitarbeiter für diese Projekte ist.

Das ist keine gute Lösung. Besser wäre es gewesen, Feedback einzuholen. Sie hinterfragen die Angelegenheit und erfahren vielleicht, daß Sie Ihrem Mitarbeiter aufgrund der hektischen Situation viel zu wenige Informationen zu dem Projekt gegeben haben. Dadurch hat er sich nicht imstande gesehen, das vereinbarte Ziel zu erreichen. Und fragen wollte er Sie auch nicht, denn Sie schienen immer in Eile zu sein und waren entsprechend kurz angebunden.

Die nachfolgende Checkliste enthält die wichtigsten Regeln zum Feedback.

Checkliste:
Feedback geben und erhalten ✔

- Geben Sie Feedback immer höflich, taktvoll und nicht verletzend. ☐
- Beschreiben Sie das jeweilige Verhalten so konkret wie möglich. ☐
- Beschränken Sie sich auf Verhaltensweisen und Eigenschaften, die im Zusammenhang mit der Arbeit stehen. ☐

- Geben Sie Feedback immer nur auf der Basis von eigenen Beobachtungen, nie aufgrund von Hörensagen, Vermutungen oder Interpretationen. ❑
- Sprechen Sie in eigenem Namen, vermeiden Sie Formulierungen wie „wir“, „man“ … ❑
- Benennen Sie Ihre eigenen Empfindungen und Reaktionen im Zusammenhang mit dem Verhalten Ihres Gesprächspartners. ❑
- Wenn Sie selbst Feedback erhalten, hören Sie gut zu und haken Sie nach, wenn Sie etwas nicht verstanden haben. ❑
- Stellen Sie Ihre eigene Sichtweise dar, vermeiden Sie jedoch, in eine Rechtfertigungs- oder Verteidigungssituation gedrängt zu werden. ❑
- Seien Sie offen für Kritik, überlegen Sie ehrlich, ob an dem Feedback etwas dran ist, ob und wie man etwas ändern könnte. ❑
- Machen Sie Ihrem Gesprächspartner deutlich, daß das Feedback bei Ihnen angekommen ist. ❑

► Überzeugen statt überreden

Im Gespräch verfolgt jeder Beteiligte eigene Gesprächsziele. Meist gilt es auch, unterschiedliche Meinungen zu überwinden. Durch eine geschickte Argumentation und Beweise für die eigene Sichtweise soll der Gesprächspartner für die eigenen Ideen und Vorschläge gewonnen werden, um letztendlich seine Zustimmung zu erhalten. Es geht also darum, Verhalten, Einstellung oder Meinung des Gesprächspartners im Sinne des eigenen Anliegens zu beeinflussen.

Überreden bedeutet, den Gesprächspartner geschickt zu manipulieren, um möglichst zügig dessen Zustimmung zu erhalten. Ein solcher Erfolg ist zumeist nur kurzfristig. Denn hat der Gesprächspartner Zeit und Ruhe, sich zu überlegen, wie seine Zustimmung zustande gekommen ist, wird er die Manipulation erkennen. Und damit ist das Vertrauen für weitere Gespräche beschädigt.

Checkliste: **Neigen Sie zum Überreden?**	**Ja**	**Nein**
• Im Gespräch ist es mir wichtig, meine eigenen Argumente auf jeden Fall durchzubringen.	❑	❑
• Auf die Argumente meines Gesprächspartners gehe ich selten oder nie ein.	❑	❑
• In meiner eigenen Argumentation verwende ich viele, dem Partner unbekannte Fach- und Fremdwörter.	❑	❑
• Meine Argumente sind nicht immer rein sachlich, sondern beziehen sich auch auf die Persönlichkeit meines Gesprächspartners.	❑	❑
• Ich unterbreche meinen Gesprächspartner häufig.	❑	❑
• Die Argumente meines Partners kann ich schnell entkräften.	❑	❑
• Die Argumente meines Partners hinterfrage ich häufig und lasse mir einzelne Begriffe genau erklären.	❑	❑
• Wenn ich keine sachlichen Gegenargumente mehr weiß, verdeutliche ich meine allgemeine Zuständigkeit und Kompetenz in dieser Angelegenheit.	❑	❑
• Ich verweise auf die Zuständigkeit anderer Abteilungen.	❑	❑
• Ich helfe mir mit Killerphrasen.	❑	❑

Die bessere Vorgehensweise ist immer die **Überzeugung**. Im Idealfall führt eine überzeugende Argumentation dazu, daß

- Sachverhalte gemeinsam analysiert werden,
- Meinungen, Bewertungen und Unterschiede der Gesprächspartner herausgearbeitet werden und
- eine Lösung gefunden wird, die für beide Seiten akzeptabel ist.

Wichtig: Orientieren Sie Ihre Argumentation immer an der Bedeutung einer Sache oder an den Bedürfnissen des Gesprächspartners.

Dazu das nachfolgende Beispiel.

Beispiel:

Obwohl Ihr Mitarbeiter bereits genügend Arbeit hat, möchten Sie, daß er ein weiteres Projekt übernimmt. Sie argumentieren,

a) daß es sich um ein sehr wichtiges Projekt handelt und Sie auf seine Erfahrung zurückgreifen möchten oder

b) daß er mit diesem Projekt neue Erfahrungen sammeln kann.

Bei (a) ist die Argumentation an der Bedeutung der Sache orientiert und an den Bedürfnissen des Mitarbeiters, wenn Anerkennung für ihn besonders wichtig ist.

Bei (b) ist die Argumentation an den Bedürfnissen des Mitarbeiters orientiert, wenn die persönliche Weiterentwicklung für diesen Mitarbeiter wichtig ist.

Ganz wichtig für die Überzeugung ist der Umgang mit Einwendungen des Mitarbeiters. Gerade im Mitarbeitergespräch besteht die Gefahr, daß aufgrund der Vorgesetzten-Mitarbeiter-Situation ein Einwand schnell überspielt oder sogar mit einer Killerphrase vom Tisch gefegt wird.

Folgende Killerphrasen sollten niemals vorkommen:

- Das haben wir schon immer so gemacht.
- Dazu fehlt Ihnen die notwendige Erfahrung.
- Dafür sind Sie zu jung (alt).
- Daraus entstehen Schwierigkeiten, die Sie nicht übersehen können.
- Wir können uns zur Zeit keine Experimente leisten.
- Darüber liegen noch keine Erfahrungen vor.
- Das wird viel zu teuer.
- Das haben wir schon vor 10 Jahren ausprobiert.
- Sie haben wohl nicht genug zu tun.
- Wir haben jetzt andere Prioritäten.

- Meine Erfahrung spricht dagegen.
- Dazu brauchen wir erst noch mehr Informationen.
- Das dauert doch viel zu lange.
- Dazu sind Sie nicht kompetent, dafür gibt's doch Spezialisten.
- Wir haben doch schon eine Lösung gefunden.
- Das ist ein viel zu heißes Eisen.
- Sie sollten arbeiten und nicht denken – und wenn Sie schon denken, dann nicht während der Arbeitszeit.
- Wissen Sie überhaupt, was Sie da anstellen wollen?
- Wie lange sind Sie schon bei uns, um hier mitreden zu wollen?
- Sie haben auch schon bessere Gedanken gehabt.

Es gibt zahlreiche Möglichkeiten, auf Einwände zu reagieren. Eine Regel gilt allerdings in jedem Fall: Der Mitarbeiter muß erkennen, daß Sie seinen Einwand ernst nehmen. Andernfalls wird er das Gespräch unzufrieden verlassen. Hören Sie den Einwand des Mitarbeiters in Ruhe an. Antworten Sie nicht zu rasch, sondern legen Sie vor Ihrer Antwort eine kurze Denkpause ein. Das wirkt glaubhaft und zeigt dem Mitarbeiter, daß Sie sich mit seinem Einwand auseinandersetzen. Außerdem gewinnen Sie selbst Zeit zum Nachdenken und können mit einer überzeugenden Antwort reagieren.

Möglichkeiten, auf Einwände zu reagieren

(1) Die überzeugendste Methode ist sicherlich, den **Einwand aufzugreifen** und darauf einzugehen. Das kann mit Hilfe folgender Formulierungen geschehen:

- *Sie meinen also, …*
- *Sprechen wir darüber, was Ihnen nicht gefällt:*
- *Warum sind Sie damit nicht einverstanden?*

(2) Eine ebenfalls bewährte Möglichkeit ist es, **das Für und Wider eines Einwands gemeinsam zu erarbeiten**. Bei einem besonders wichtigen Einwand kann das sogar schriftlich geschehen:
„Wir wollen doch einmal gemeinsam überlegen, was dafür und was dagegen spricht."

(3) Wenn Sie von einem Einwand überrascht werden, auf den Sie nicht vorbereitet sind, dann kann dieser zunächst **in Frageform wiederholt** werden. Das bringt auf jeden Fall einen kleinen Zeitgewinn. Da kaum

jemand einen Einwand wörtlich wiederholt, fällt die Antwort zumeist viel weitschweifiger aus, teilweise wird der Einwand sogar selbst beantwortet.
„Sie meinen also, …?“

(4) Bereits mehr taktischer Natur ist die bekannteste Methode zur Einwandbehandlung, die sogenannte **Ja, aber-Methode**. Dem Partner wird zunächst rhetorisch zugestimmt, diese Zustimmung wird danach aber sofort wieder eingeschränkt. Statt des Wörtchens „Ja“ werden auch andere zustimmende Formulierungen gebraucht.
- *Sicherlich haben Sie recht, jedoch …*
- *Da stimme ich Ihnen zu, allerdings …*
- *Das ist richtig, obwohl …*
- *Das sehe ich auch so, dennoch …*

(5) Taktische Überlegungen herrschen auch vor, wenn ein **Einwand vorweggenommen** wird. Es handelt sich um eine Art vorweggenommenes „Ja, aber“. Damit wird dem Partner das Gefühl vermittelt, daß Sie in seinen Problemkategorien denken:
„Sie werden nun sicherlich einwenden, …“

(6) Verbreitet ist auch die Methode, einen **Einwand zunächst zurückzustellen**. Das wirkt dann besonders glaubhaft auf den Partner, wenn der Einwand zusätzlich auch noch aufgeschrieben wird. Das Aufschreiben bietet aber keinerlei Gewähr dafür, daß der Einwand je wieder aufgegriffen wird.
„Auf diesen Einwand werde ich später eingehen, wir wollen zunächst noch über …“

(7) Zu den taktischen Varianten gehört auch das **Überhören eines Einwandes**. Sie hören dem Partner zwar aufmerksam zu, ohne jedoch auf den Einwand einzugehen. Mancher Gesprächsteilnehmer wird in einem solchen Fall automatisch weitersprechen und zum nächsten Gedanken übergehen. Die Überhörmethode eignet sich besonders als Reaktion auf emotionale Einwendungen.

Ein sachlicher Einwand hat auch eine sachliche Antwort verdient. Schwieriger ist der Umgang mit emotionalen Einwendungen des Partners (z. B. „Das sagen Sie doch nur, um mich zu provozieren“). Wer seinen Einwand emotional begründet, der wird sich in diesem Punkt kaum sachlich überzeugen lassen. Lassen Sie sich nicht auch zu emotionalen

Äußerungen verleiten. Überhören Sie emotionale Äußerungen oder führen Sie das Gespräch durch eine geschickte Frage wieder auf die Sachebene zurück.

Die wichtigsten Regeln für eine überzeugende und kooperative Argumentation sind in der nachfolgenden Übersicht zusammengefaßt:

Wichtige Regeln zum überzeugenden Argumentieren
• Die eigenen Ziele und Argumente **vorbereiten**, mögliche Gegenargumente des Partners vorausdenken. • Alternativen und Kompromisse zu den eigenen Zielen überlegen (vgl. auch Seite 24). • Ziele und Absichten zu Beginn des Gesprächs offen ansprechen. • Argumente logisch aufeinander aufbauen, nicht abschweifen. • Nicht alle Argumente auf einmal vorbringen, um nicht die gesamte Munition zu Beginn des Gesprächs zu verschießen. • Schwächere Argumente zuerst, stärkere Argumente zum Schluß bringen (Prinzip der Steigerung). • Die Sprache des Gesprächspartners sprechen. • Bedürfnisse und Anliegen des Gesprächspartners berücksichtigen. • Den Partner auffordern, eigene Ideen und Gedanken einzubringen. • Auf die Argumente des Partners eingehen, offen sein, wenn sich daraus neue Erkenntnisse ergeben. • Eigene Argumentation ggf. neu ausrichten. • Sprechpausen zulassen, die dem Gesprächspartner Zeit zum Überdenken geben.

2.6 Ein Gesprächsleitfaden für alle Fälle

Mit dem nachfolgenden Gesprächsleitfaden können Sie sich auf nahezu alle Mitarbeitergespräche vorbereiten. Er kann Ihnen aber nicht die inhaltliche Argumentation abnehmen. Er trägt jedoch dazu bei, „in der Hitze der Debatte“ das Gespräch zu strukturieren, wesentliche Gesprächsteile nicht zu vergessen und das Gesprächsziel nicht aus den Augen zu verlieren. Darüber hinaus läßt er genügend Spielraum für unerwartete Richtungsänderungen im Gespräch.

Leitfaden zum Mitarbeitergespräch

- **Einleitung**
  - Höflichkeit und Freundlichkeit sind – unabhängig vom Gesprächsanlaß – Grundvoraussetzungen eines jeden Gespräches.
  - Gehen Sie auf den Mitarbeiter zu, begrüßen Sie ihn und danken Sie ihm für sein Kommen.
  - Setzen Sie sich mit ihm an einen geeigneten Tisch und unterstreichen Sie so die Bedeutung des Gesprächs.
  - Überprüfen Sie, ob der Mitarbeiter „gedanklich anwesend" ist.
  - Stellen Sie einen persönlichen Kontakt her und tragen Sie so zu einem positiven und offenen Gesprächsklima bei.

- **Darstellung des Gesprächsanlasses**
  - Umreißen Sie den Gesprächsanlaß und die Gesprächsziele.
  - Stellen Sie dar, wie Sie im Gespräch vorgehen werden.
  - Nennen Sie den Zeitrahmen.

- **Die Sichtweise des Mitarbeiters**
  - Idealerweise haben Sie den Mitarbeiter bei der Vereinbarung des Gesprächstermins veranlaßt, sich selbst vorzubereiten.
  - An dieser Stelle geben Sie ihm zunächst Gelegenheit, seine Sichtweise darzustellen.
  - Unterbrechen Sie ihn in diesem Gesprächsabschnitt nicht, sondern machen Sie sich Notizen zu Punkten, auf die Sie später eingehen wollen.

- **Ihre eigene Sichtweise**
  - Fragen Sie jedoch nach, wenn Sie etwas nicht verstanden haben.
  - Stellen Sie nun Ihre eigene Meinung dar, indem Sie seine Ausführungen bestätigen, korrigieren oder weiterführen.

- **Frustrationen abbauen**
  - Geben Sie dem Mitarbeiter Gelegenheit, seinen Gefühlen unumwunden Luft zu machen.
  - Achten Sie an dieser Stelle nicht auf Sachlichkeit, sondern akzeptieren Sie die Emotionalität seiner Ausführungen.
  - Kommentieren Sie diese Äußerungen nicht.
  - Leiten Sie zum Kerngespräch über.

- **Das sachliche Kerngespräch**
  - Arbeiten Sie gemeinsam mit dem Mitarbeiter die Unterschiede in den einzelnen Sichtweisen heraus.

- Suchen Sie gemeinsam nach Ursachen für diese unterschiedliche Betrachtungsweise.
- Suchen Sie nach Lösungen, die für beide Gesprächspartner akzeptabel sind.
- Seien Sie offen für die Sichtweise des Mitarbeiters, und versuchen Sie, diese nachzuvollziehen.
- Reden Sie nicht um den „heißen Brei" herum, sondern bringen Sie Ihre eigene Meinung deutlich zum Ausdruck und beziehen Sie Stellung.
- Seien Sie so flexibel, Ihre eigene Meinung zu ändern, wenn sich im Gespräch entsprechende Aspekte ergeben.
- Fassen Sie zusammen und sichern Sie Zwischenergebnisse.
- Behalten Sie das Gesprächsziel im Auge.

- **Abschluß des Gesprächs**
  - Fassen Sie alle wichtigen Punkte noch einmal kurz zusammen.
  - Vereinbaren Sie Ergebnisse und halten Sie diese schriftlich fest. (Wer macht was bis wann?)
  - Zeigen Sie noch einmal die Differenzen und die vereinbarten Kompromisse auf.

- **Gesprächsauswertung**
  - Welche Maßnahmen müssen Sie veranlassen?
  - Welche Gesprächsziele haben Sie erreicht?
  - Welche neuen Erkenntnisse haben Sie über Ihren Gesprächspartner gewonnen und was sollten Sie bei zukünftigen Gesprächen beachten?
  - Welches Bild hat der Gesprächspartner von Ihnen gewinnen können?
  - Haben Sie sich im Gespräch richtig verhalten, bzw. was würden Sie beim nächsten Mal anders machen?

2.7 Regelmäßige Mitarbeitergespräche

Wegen ihrer Bedeutung soll über die vereinbarten Ziele, über die Einschätzung der Leistungen der Mitarbeiter und über die weitere berufliche Entwicklung in regelmäßigen Abständen gesprochen werden. Das ist auch in vielen Betrieben der Fall. In der Rolle des Beraters und Coaches trägt der Vorgesetzte mit diesen Gesprächen dazu bei, daß die betrieblichen Aufgaben effizienter und besser erledigt werden, und erreicht so einen kontinuierlichen Prozeß des Leistungsmanagements.

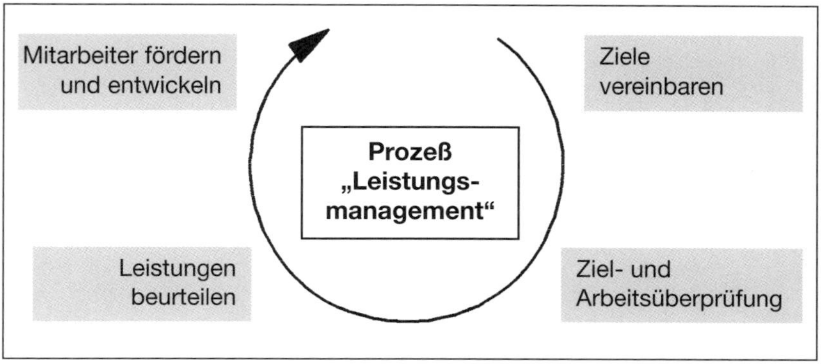

Abb.: Prozeß Leistungsmanagement

► Zielvereinbarungsgespräch

Zielvereinbarungsgespräche finden im Rahmen des **„Management-by-objectives-Führungsstils“** (Führen durch Ziele) statt.

> **Wichtig:** In diesen Gesprächen vereinbaren der Vorgesetzte und der Mitarbeiter, welche Anforderungen innerhalb einer bestimmten Zeitspanne auf den Arbeitsplatz des Mitarbeiters zukommen, welche Aufgaben daraus erwachsen werden und welche Erwartungen der Vorgesetzte und der Mitarbeiter an die Erledigung dieser Aufgaben haben.

Zielvereinbarungen sind wichtig, denn

- der Mitarbeiter erfährt, was der Vorgesetzte von ihm erwartet,
- der Vorgesetzte und der Mitarbeiter sprechen über die konkreten Aufgaben des Mitarbeiters und verbessern so ihre Kommunikation und
- eine objektivere Leistungsbeurteilung (vgl. Seite 140) wird möglich.

Zielvereinbarungsgespräche sind jedoch nur so gut wie die dabei vereinbarten Ziele. Vielfach werden Ziele und Aufgaben verwechselt und reine Tätigkeitsbeschreibungen vereinbart („Legen Sie Ihrem Vorgesetzten jeweils zum Ende des Quartals die Statistik X vor.“). Bei wirklichen Zielen ist lediglich das Ergebnis vorgegeben; der Weg zum Ergebnis bleibt dem Mitarbeiter überlassen.

- Vereinbaren Sie nur Ziele mit einem bedeutungsvollen Inhalt. Geringfügige Ziele tragen nicht zur Motivation des Mitarbeiters bei.

- Orientieren Sie sich beim Inhalt und Umfang der Ziele an der Erfahrung und Reife des Mitarbeiters. Ziele sollen zwar herausfordernd, aber dennoch realistisch und erreichbar sein.
- Überprüfen Sie regelmäßig die Aktualität der vereinbarten Ziele.
- Legen Sie eine eindeutige Zeitspanne (oder einen bestimmten Zeitpunkt) für die Zielerreichung fest.
- Geben Sie dem Mitarbeiter in regelmäßigen Abständen ein Feedback.
- Formulieren Sie präzise Ziele. Beschreiben Sie genau, welches Ergebnis erwartet wird. Achten Sie auf die Meßbarkeit der vereinbarten Ziele.

Beispiel:

Quantitatives Ziel mit Zeitlimit	*Senkung der Kosten in einer Abteilung um 10 % bis Ende 2001*
Qualitatives Ziel mit Zeitlimit	*Entwicklung eines Konzeptes zur Einführung einer Mitarbeiterbeurteilung bis Ende 2001*

Die tatsächliche Zielvereinbarung findet im Gespräch statt. Eine mögliche Gliederung ist in dem folgenden Leitfaden enthalten.

Leitfaden: Zielvereinbarungsgespräch
• Gesprächseröffnung – Anlaß des Gespräches klären – Grundsätzliches zum Führen mit Zielen – bisherige Erfahrungen mit Zielvereinbarungen
• Bereichsziele aus dem übergeordnetem Zielsystem besprechen und auf den Aufgabenbereich des Mitarbeiters herunterbrechen
• Darstellung von zukünftigen Anforderungen an den Arbeitsplatz und daraus resultierende Aufgaben durch den Mitarbeiter
• Kommentierung und Weiterführung der Darstellungen des Mitarbeiters durch den Vorgesetzten
• Inhaltliche Vereinbarung zwischen dem Vorgesetzten und Mitarbeiter über konkrete Ziele, Schwerpunkte und Prioritäten
• Diskussion vorhersehbarer Probleme und Schwierigkeiten bei der Zielerreichung

• Vereinbarung der Rahmenbedingungen – Maßstäbe zur Überprüfung der Zielerreichung (Quantität, Qualität, Kosten etc.) – Termine für Zwischenüberprüfungen – Zeitspanne bzw. Endtermin
• Überprüfung der Ressourcen des Mitarbeiters; verfügt der Mitarbeiter über notwendige und ausreichende Kenntnisse und/oder Fertigkeiten?
• Ggf. zusätzliche Qualifizierungsmaßnahmen festlegen
• Überprüfen der Kompetenzen, um notwendige Entscheidungen treffen zu können
• Zeitliche Kapazitäten des Mitarbeiters bzw. der diesem unterstellten Mitarbeiter
• Finanzielle Mittel
• Schriftliche Dokumentation der Ziele und Vereinbarungen
• Gesprächsabschluß

▶ Ziel- und Arbeitsüberprüfung

Mit dem Gespräch zur Ziel- und Arbeitsüberprüfung wird die kontinuierliche Kommunikation zwischen dem Vorgesetzten und dem Mitarbeiter über Aufgaben sowie Fortschritte in der Zielerreichung sichergestellt. Diese Gespräche stellen einerseits sicher, daß die Unterstützung des Mitarbeiters durch den Vorgesetzten nicht dem Tagesgeschäft „zum Opfer fällt“, sondern regelmäßig in dem jeweils benötigten Umfang erfolgt. Auf der anderen Seite nimmt der Vorgesetzte in diesen Gesprächen die nachfolgenden Führungsaufgaben wahr:

- Anleitung und Beratung des Mitarbeiters (Coaching)
- Feedback und Motivation
- Steuerung und Kontrolle mit Blick auf die Zielerreichung

Der Experte rät: *Planen Sie mit jedem Mitarbeiter feste Termine zur Ziel- und Arbeitsüberprüfung ein. In der Praxis haben sich monatliche Gespräche von jeweils 30–60 Minuten je Mitarbeiter bewährt.*

Ein Gespräch zur Ziel- und Arbeitsüberprüfung sollte nicht jegliche Art der Kommunikation zum Inhalt haben. Wichtige und eilige Dinge werden weiterhin im Rahmen der täglichen Zusammenarbeit besprochen. Dagegen gehören Fortschritte in der Projektarbeit oder Probleme bei der Zielerreichung in das Gespräch zur Ziel- und Arbeitsüberprüfung. Diese Art der inhaltlichen Aufteilung birgt einen wichtigen Nebeneffekt: Der Mitarbeiter wägt ab, was sofort besprochen werden muß und was bis zum nächsten Gesprächstermin warten kann. Dies führt zu einer insgesamt effektiveren Arbeitsweise für Mitarbeiter und Vorgesetzten.

Gespräch zur Ziel- und Arbeitsüberprüfung
– Leitfaden –

- **Gesprächseröffnung.**
  - Der Mitarbeiter gibt einen Überblick über die Themen, die er ansprechen möchte.
  - Der Vorgesetzte ergänzt um die Themen, die ihm wichtig erscheinen.
  - Vereinbarung der Gesprächsdauer.
- **Jede Aufgabe, jedes Ziel einzeln betrachten.**
  - Was genau soll erreicht werden und wo steht der Mitarbeiter heute?
  - Dem Mitarbeiter die Möglichkeit geben, seine Meinung darzustellen und Gefühlen Luft zu machen.
  - Gemeinsam Ursachen erforschen und Lösungen finden.
- **Maßnahmen zur Weiterentwicklung des Mitarbeiters einleiten.**
- **Dokumentation der vereinbarten Maßnahmen.**
- **Gesprächsabschluß.**

► Beurteilungsgespräch

Das Beurteilungsgespräch bildet den **Abschluß der Mitarbeiterbeurteilung** (vgl. Seite 144 ff.). Nur wenn die Mitarbeiter verstehen und nachvollziehen können, warum der Vorgesetzte bestimmte Leistungen und Verhaltensweisen als Stärke oder Schwäche bewertet, wird die Beurteilung Erfolg haben und zu Leistungssteigerungen und Verhaltensänderungen beitragen.

Dem Beurteilungsgespräch stehen in der Regel sowohl der Vorgesetzte als auch der Mitarbeiter mit gemischten Gefühlen gegenüber. Häufig sieht sich der Vorgesetzte in einer Rechtfertigungssituation. Von ihm wird erwartet, seine Bewertungen stichhaltig zu begründen und zu erläutern. Der Beurteilte seinerseits sieht dem Beurteilungsgespräch oftmals mit einem Gefühl der Hilflosigkeit, des Ausgeliefertseins und mit Skepsis entgegen. Nur in Ausnahmefällen wird das Bild des Vorgesetzten (Fremdbild) dem eigenen Bild (Selbstbild) entsprechen.

Wichtig: Das Beurteilungsgespräch stellt hohe Anforderungen an die Beteiligten. Unterschiedliche Sichtweisen müssen akzeptiert werden, woraus ggf. eine Korrektur der Beurteilung resultieren kann. Die Bereitschaft hierzu darf nicht als Schwäche empfunden werden. Wenn diese Einstellung bei den Beteiligten vorhanden ist, dann bietet das Beurteilungsgespräch eine reelle Chance auf Verbesserung der Zusammenarbeit und damit höhere Zufriedenheit auf beiden Seiten.

Inhaltlich hat das Beurteilungsgespräch viel mit dem Feedbackgespräch gemeinsam. In beiden Fällen geht es darum, **gute Leistungen anzuerkennen und schlechte Leistungen zu verbessern**. Ein wichtiger Unterschied zwischen beiden Gesprächen liegt dagegen in der wesentlich umfassenderen Bedeutung des Beurteilungsgesprächs.

Während es sich beim Feedbackgespräch um eine Momentaufnahme handelt, entfaltet das Beurteilungsgespräches weitreichende Konsequenzen. Das Gesprächsergebnis geht in die Personalakte ein; es wird für weiterführende Entscheidungen wie Versetzungen, Beförderungen und Gehaltserhöhungen herangezogen und prägt insgesamt die Sichtweise des Vorgesetzten gegenüber dem Mitarbeiter.

Checkliste:
Beurteilungsgespräch ✔

- Kündigen Sie das Beurteilungsgespräch immer rechtzeitig an, damit der Mitarbeiter ausreichend Gelegenheit hat, sich darauf vorzubereiten. Nur so erfahren Sie seine Selbsteinschätzung und Bedürfnisse. ☐
- Begründen Sie Ihre Beurteilungen immer nur durch sachliche, stichhaltige und abgesicherte Daten und Fakten, die aus eigener Beobachtung stammen. ☐
- Reden Sie nicht um den „heißen Brei“ herum, wenn es um heikle Themen geht; beziehen Sie Stellung und finden Sie deutliche Worte. ☐

- Konzentrieren Sie sich nicht ausschließlich auf die eigene Argumentation. Hören Sie auch die Argumentation Ihres Mitarbeiters an, um Emotionen zu erkennen und darauf reagieren zu können. ❑
- Seien Sie offen und flexibel, wenn sich die Argumentation des Mitarbeiters als richtig herausstellt. Ändern Sie Ihre Beurteilung entsprechend. ❑
- Versuchen Sie, im Beurteilungsgespräch Überraschungen zu vermeiden. Sprechen Sie vorwiegend solche Punkte an, die Sie auch schon in den Feedbackgesprächen erwähnt haben. Das Beurteilungsgespräch stellt eine Art Gesamtschau dar; es wäre nicht fair, ein Fehlverhalten erst im Beurteilungsgespräch anzusprechen, das zunächst toleriert wurde. ❑

Wie bei anderen Mitarbeitergesprächen ist auch der Ablauf eines Beurteilungsgesprächs nie exakt vorhersehbar. Die folgenden Ablaufstufen stellen jedoch eine Art „roten Faden" dar, der insbesondere bei etwas hitzigeren Gesprächssituationen dazu beiträgt, sich nicht in Details zu verlieren, sondern in der eigentlichen Sache voranzukommen.

Leitfaden zum Beurteilungsgespräch

- **Gesprächseinstieg**

Es soll ein positiver Gesprächseinstieg sein, darin sind sich alle einig. Jedoch nennen Literatur und Praxis unterschiedliche Vorschläge, wie ein solcher Gesprächseinstieg am besten zu erreichen ist. Oftmals wird empfohlen, zunächst über aktuelle Themen aus dem Arbeitsbereich des Mitarbeiters zu sprechen und dann ins Beurteilungsgespräch überzuleiten. Erfahrungen der Autoren haben jedoch gezeigt, daß die Mitarbeiter, wenn sie wissen, daß es eigentlich um das Beurteilungsgespräch geht, diese Vorgehensweise ablehnen. Sie wollen nicht erst „Honig um den Bart geschmiert" bekommen.

Insbesondere bei guten Mitarbeitern hat sich ein offener, neutraler Einstieg bewährt. Seien Sie also als Person freundlich, erläutern Sie den Gesprächsanlaß und geben Sie einen kurzen Überblick über den Ablauf und die Vorgehensweise.

- **Die Sichtweise des Mitarbeiters zuerst**

Geben Sie zunächst dem Mitarbeiter Gelegenheit, auf der Basis seiner eigenen Gesprächsvorbereitung (Selbstbeurteilung, vgl. Seite 129) seine eigene Sichtweise darzustellen. Unterstützen Sie ihn, wenn nötig, mit den folgenden Fragen:
- Was ist gut gelaufen und warum?
- Was ist nicht so gut gelaufen und warum nicht?
- Was hat Spaß gemacht und was hat Frust erzeugt?
- Welche Ziele hat der Mitarbeiter für das nächste Jahr?

Unterbrechen Sie den Mitarbeiter nur, wenn Sie etwas nicht verstanden haben und deshalb nachfragen müssen.

- **Ihre eigene Sichtweise**

Legen Sie nun Ihre eigene Sichtweise dar. Gehen Sie dabei auf die Ausführungen des Mitarbeiters ein, indem Sie:
- seine Ausführungen bestätigen, korrigieren und/oder ergänzen sowie
- Gemeinsamkeiten und Abweichungen aufzeigen und begründen.

Vermeiden Sie, mit einer Gesamtbeurteilung der Leistungen zu beginnen, oder den Beurteilungsbogen Punkt für Punkt durchzugehen. Vielmehr hat es sich in der Praxis bewährt, die eigene Argumentation auf den grundlegenden Verhaltensweisen des Mitarbeiters aufzubauen und deren Auswirkungen auf die einzelnen Aufgabenbereiche des Mitarbeiters aufzuzeigen. Mit dieser Vorgehensweise wird eine differenzierte, nachvollziehbare, individuelle und damit insgesamt überzeugende Beurteilung des Mitarbeiters sichergestellt.

- **Gelegenheit für Gefühle**

Geben Sie dem Mitarbeiter Gelegenheit, seinen Gefühlen (Wut, Enttäuschung, Frust ...) Luft zu machen. Akzeptieren Sie, daß es in diesem Moment nicht um Sachlichkeit, sondern um Emotionalität geht. Versuchen Sie, die Gefühle und die darin verborgenen Motive und Bedürfnisse des Mitarbeiters zu erkennen.

- **Zurück zur Sachlichkeit**

Arbeiten Sie gemeinsam übereinstimmende und abweichende Meinungen heraus. Suchen Sie dabei nach Ursachen für Stärken und Schwächen und nach Lösungsmöglichkeiten. Verzichten Sie auf Monologe; beteiligen Sie den Mitarbeiter an der Erarbeitung von Lösungen und machen Sie ihn so für diese mitverantwortlich.

- **Beenden Sie das Gespräch mit einem Ergebnis**

Veränderungen finden nur statt, wenn sie verbindlich vereinbart werden. Halten Sie als Gesprächsergebnis schriftlich fest,

- welche Erwartungen Sie zukünftig an die Leistungen und das Verhalten des Mitarbeiters haben,
- welche Hilfestellungen Sie dem Mitarbeiter geben werden,
- wie und mit welchen Maßstäben Sie zukünftig kontrollieren werden.

Was geschieht aber, wenn keine Einigung mit dem Mitarbeiter erzielt werden kann? In diesem Fall sollten Sie noch stärker darauf achten, daß die gegenseitigen Positionen klar und transparent herausgearbeitet werden, damit beide Gesprächspartner die Meinung des anderen zumindest nachvollziehen, wenn schon nicht akzeptieren können. Die eigentliche Beurteilung wird dann gemäß der Sichtweise des Vorgesetzten ausfallen; dem Mitarbeiter sollte Gelegenheit zu einer Gegendarstellung gegeben werden.

▶ Fördergespräch

Die Bildung und Förderung (**Personalentwicklung**) der Mitarbeiter gehört zu den Führungsaufgaben jedes Vorgesetzten. Dabei geht es im wesentlichen um drei Aspekte:

- Immer mehr Mitarbeiter streben von sich aus nach Aufstieg und Weiterbildung; sie wollen neue Aufgabenbereiche, Kompetenzen und Verantwortung übernehmen.
- Unabhängig von ihrem Leistungsstand müssen Mitarbeiter unterstützt werden, damit ihre Kenntnisse und Fähigkeiten mit den Veränderungen am Markt und den daraus resultierenden neuen Anforderungen Schritt halten können.
- Neue oder leistungsschwache Mitarbeiter müssen durch Bildungsmaßnahmen unterstützt werden, damit sie möglichst rasch die Anforderungen ihres Arbeitsplatzes erfüllen.

Wichtig: Wegen ihrer Bedeutung für die berufliche Entwicklung der Mitarbeiter werden Fördergespräche in vielen Unternehmen in regelmäßigem Turnus (z. B. alle zwei Jahre) durchgeführt. Zusätzlich können sie auch anlaßabhängig (z. B. im Rahmen einer Nachfolgeentscheidung oder auf Wunsch des betroffenen Mitarbeiters) stattfinden.

Das Fördergespräch kann entweder in Verbindung mit dem Beurteilungsgespräch oder aber als separates Gespräch geführt werden. Die Zuständigkeit für dieses Gespräch liegt zunächst beim direkten Vorgesetzten, denn er kennt die Stärken, Schwächen und Potentiale seiner Mitarbeiter am besten. Es gibt allerdings zwei wichtige Gründe, warum der unmittelbare Vorgesetzte diese umfassende Förderaufgabe nicht wahrnehmen kann:

- Entweder der Vorgesetzte ist nicht der Methodenspezialist, der durch eine sinnvolle Zusammenstellung von Maßnahmen zu einer effektiven Förderung beiträgt oder
- der Vorgesetzte verfügt nicht über alle Informationen, insbesondere wenn es um die Entwicklung außerhalb der eigenen Abteilung geht.

Daher empfiehlt sich eine enge Zusammenarbeit zwischen dem Vorgesetzten und den Mitarbeitern der Personalentwicklung. Insbesondere zwei Varianten der Zusammenarbeit sind denkbar, wobei beide eine enge Abstimmung zwischen den Beteiligten voraussetzen:

- Der Vorgesetzte und der Personalentwickler besprechen vorab die spezifische Ausgangssituation eines jeden Mitarbeiters und diskutieren die jeweiligen Entwicklungsmöglichkeiten. Das eigentliche Fördergespräch führt der Vorgesetzte dann allein.
- Der Vorgesetzte übernimmt die Fördergespräche für Mitarbeiter, die sich vorwiegend innerhalb seiner Abteilung entwickeln werden. Der Personalentwickler übernimmt dagegen die Fördergespräche für solche Mitarbeiter, deren Entwicklung voraussichtlich abteilungsübergreifend stattfinden wird.

Wie bei jedem Gespräch trägt eine gute Vorbereitung wesentlich zu einem erfolgreichen Fördergespräch bei. Nutzen Sie alle vorhandenen Informationen (die letzte Beurteilung, Protokolle der letzten Mitarbeitergespräche, die Personalakte), und bereiten Sie sich so auf die individuelle Entwicklungssituation Ihres Mitarbeiters vor.

Inhalt und Gliederung eines Fördergesprächs
• Schaffen Sie von Anfang an eine positive Gesprächsatmosphäre.
• Nennen Sie den Gesprächsanlaß und erläutern Sie Ablauf und Vorgehensweise.
• Gehen Sie auf die Vorbereitungen des Mitarbeiters ein. Erfragen Sie Ziele, Erwartungen, Interessen und Wünsche.
• Beachten Sie: Nicht alle Mitarbeiter wollen sich weiterentwickeln, um weiterführende Aufgaben zu übernehmen. Orientieren Sie sich neben den betrieblichen Erfordernissen auch an den Bedürfnissen und Erwartungen der Mitarbeiter.

- Gehen Sie auf die Ergebnisse der letzten Beurteilung ein. Besprechen Sie Stärken, Entwicklungsbedarf, Potentiale.

- Diskutieren Sie die betrieblichen Möglichkeiten.

- Legen Sie Entwicklungsmaßnahmen fest und beschreiben Sie
  - die genauen Inhalte und Lernziele,
  - die grobe Zeitplanung,
  - die notwendigen finanziellen Mittel,
  - in welcher Weise Sie selbst den Mitarbeiter bei der Entwicklung unterstützen werden und
  - wie der Entwicklungsfortschritt beobachtet und sichergestellt werden soll.

Wegen der Bedeutung des Fördergesprächs ist es ganz besonders wichtig, daß auch der Mitarbeiter sich umfassend vorbereitet. Schließlich werden durch dieses Gespräch die Weichen für die berufliche Entwicklung in den nächsten Jahren gestellt. Zur Erleichterung der Vorbereitung und um sicherzustellen, daß der Mitarbeiter die zu besprechenden Probleme auch richtig erkennt, kann ihm zusammen mit der Einladung ein Vorbereitungsblatt oder ein Fragenkatalog zugesandt werden.

Vorbereitung des Mitarbeiters auf das Fördergespräch

- Waren Ihnen in der Vergangenheit Ihre Arbeitsziele ausreichend bekannt?
- Was hat Sie in der Vergangenheit bei Ihrer Arbeit besonders behindert oder begünstigt?
- Welche Arbeitsziele sehen Sie für die Zukunft als wichtig an?
- Mit welchen technischen oder organisatorischen Änderungen ist zu rechnen?
- Konnten Sie in der Vergangenheit alle Ihre Fähigkeiten zum Einsatz bringen?
- Sehen Sie eine andere Tätigkeit als geeigneter an?
- Welche Erwartungen haben Sie an das Unternehmen hinsichtlich Ihrer beruflichen Weiterbildung?
- Welche Position im Unternehmen streben Sie an?
- Decken sich Ihre eigenen Erwartungen mit den Notwendigkeiten des Unternehmens?

► Jahresmitarbeitergespräch

Mit dem Jahresmitarbeitergespräch werden **drei** bereits beschriebene **Gesprächsanlässe** zusammengefaßt:

- das **Beurteilungsgespräch** auf Basis der vorangegangenen Zielvereinbarungen,
- das **Förder- und Entwicklungsgespräch**,
- das **Zielvereinbarungsgespräch** für das Folgejahr.

Das mag nach Rationalisierung klingen, wenn statt drei Gesprächen nur noch ein einziges geführt werden muß. Dies ist jedoch nicht der entscheidende Grund für die Zusammenfassung der drei Gesprächsanlässe. Das Jahresmitarbeitergespräch hat vielmehr den großen Vorteil, daß die wichtigsten Punkte der übergreifenden Personalführung zusammenhängend besprochen werden können. Dafür sollten Sie sich dann auch erheblich mehr Zeit nehmen, als wenn Sie diese Gespräche jeweils separat durchführen. Die Zusammenfassung sollte nicht dazu führen, daß Sie insgesamt seltener mit Ihren Mitarbeitern sprechen.

Abweichend von der bisherigen Darstellungsweise ist der nachfolgende Leitfaden in Form eines Protokolls konzipiert. Er umfaßt die wesentlichen Aspekte, auf die ein Jahresmitarbeitergespräch eingehen sollte.

Jahresmitarbeitergespräch Leitfaden und Protokoll		
______ Name d. Vorgesetzten ______ Funktion	______ Name d. Mitarbeiters ______ Funktion	______ Datum des Gesprächs ______ Betrachtungszeitraum
Sicht des Vorgesetzten	**Sicht des Mitarbeiters**	**Vereinbarungen**
1. Leistungen / Zusammenarbeit der Vergangenheit		
Welche vereinbarten Ziele und Leistungsstandards wurden erreicht?		
Welche Faktoren haben den Mitarbeiter unterstützt, diese zu erreichen?		

Welche Faktoren haben den Mitarbeiter dabei behindert?		
Zusammenarbeit, Kommunikation und Unterstützung durch den Vorgesetzten?		
2. Ziele und Vereinbarungen für das Folgejahr		
Ziele, Aufgaben und Leistungsstandards:		
Maßnahmen zur Verbesserung von Zusammenarbeit und Kommunikation:		
Förder- und Entwicklungsmaßnahmen:		
Unterstützung durch den Vorgesetzten:		
Sonstige Vereinbarungen:		
____________ Datum/Unterschrift	____________ Datum/Unterschrift	Verteiler: Original: Vorgesetzter Kopie: Mitarbeiter Kopie: Personalakte

2.8 Anlaßabhängige Gespräche

Anlaßabhängige Gespräche können kurzfristig aufgrund besonderer Ereignisse erforderlich werden (Eintritt eines neuen Mitarbeiters, aktuelles Problem, Fehlverhalten, Lob für besonders gute Leistungen, Ausscheiden eines Mitarbeiters, Einführung in eine neue Aufgabe u. a. m.). Sie sind für die Zusammenarbeit zwischen Vorgesetzten und Mitarbeitern unerläßlich und sollten mit der gleichen Sorgfalt wie die regelmäßigen Mitarbeitergespräche vorbereitet werden.

▶ Einführungsgespräch

Das Verhältnis neuer Mitarbeiter zum Betrieb wird in starkem Maße von den Geschehnissen und Eindrücken während der ersten Arbeitswochen mitbestimmt. Die Erfahrung zeigt, daß die Fluktuationsrate in der ersten Zeit nach erfolgtem Eintritt besonders hoch ist. Selbst wenn die problematische Situation auf dem Arbeitsmarkt manchen vor einer kurzfristigen Kündigung zurückhält, so ist bei einer falschen Einführung zumindest ein erster Schritt in Richtung „innere Kündigung" nicht auszuschließen.

Ein **ausführliches** Einführungsgespräch sollte nicht nur mit neu eingestellten Mitarbeitern, sondern auch bei Versetzungen und Beförderungen vorhandener Mitarbeiter geführt werden. Dazu gehören auch Auszubildende und Trainees, die im Rahmen eines festen Planes die einzelnen Abteilungen des Unternehmens durchlaufen.

All diese Situationen haben eines gemeinsam: Die neuen Mitarbeiter betreten neues, unbekanntes Terrain. Sie müssen sich auf neue Aufgaben, neue Kollegen sowie einen neuen Vorgesetzten einstellen. Ihr Zugehörigkeits- und Sicherheitsgefühl wird damit stark gemindert. Auf vertraute Gewohnheiten können sie kaum zurückgreifen; sie müssen sich vielmehr völlig neu orientieren. Für den Vorgesetzten gilt es, die neuen Mitarbeiter sowohl in ihr Aufgabengebiet einzuweisen als sie auch in die Betriebsgemeinschaft mit ihren vielen geschriebenen und ungeschriebenen Gesetzen einzuführen.

Der Experte rät: *Die ersten Eindrücke beeinflussen erheblich die weitere Entwicklung eines neuen Mitarbeiters. Fördern Sie deshalb die schnelle Integration ins Team, und vermitteln Sie ein Zugehörigkeitsgefühl vom ersten Tag an.*

Nervöse Reaktionen, Fragen oder ungewöhnliche Verhaltensweisen des neuen Mitarbeiters, die in der ersten Zeit auftreten, sollten nicht überbewertet werden. Denn die neue Umgebung übt auf den Mitarbeiter Druck und Streß aus, so daß dieser gerade in dieser Zeit nicht immer in der für ihn eigentlich typischen Weise reagiert. Echte Fehler sollten zwar besprochen, jedoch nicht dramatisiert werden.

Erste Maßnahmen werden bereits vor der Arbeitsaufnahme durch den neuen Mitarbeiter erforderlich. Dazu zählen u. a.:

- Die **Einrichtung oder Vorbereitung des Arbeitsplatzes** (Schreibtisch, Werkbank, Geräte, Dienst- und Schutzkleidung usw.),
- die **Bereitstellung von Organisationsplänen**, Arbeitsanweisungen, Stellenbeschreibungen,
- die **Auswahl und Vorbereitung eines „Paten“**, der dem neuen Mitarbeiter als Kontaktperson benannt wird, ihn während der ersten Wochen betreut und ihm als Gesprächspartner zur Verfügung steht,
- die Information der künftigen Kollegen über die Ankunft des neuen Mitarbeiters.

Thema des Einführungsgespräches ist zunächst die gegenseitige Vorstellung. Die notwendigen Informationen zum Unternehmen sollte der Vorgesetzte nur als Überblick geben bzw. auf eventuell vorhandene, andere Einführungsinstrumente verweisen (Mitarbeiterhandbuch, Einführungsschrift, Einführungsveranstaltung für neue Mitarbeiter). Wichtiger ist es, den Ablauf des ersten Tages zu erläutern und auf das Aufgabengebiet des neuen Mitarbeiters einzugehen. Letztlich sollten die gegenseitigen Erwartungen geklärt werden, d. h. was der neue Mitarbeiter von seinem Aufgabengebiet, dem Team sowie dem Vorgesetzten erwartet.

Andererseits soll auch der Vorgesetzte benennen, welche Aufgaben der neue Mitarbeiter wann beherrschen soll, welche Kriterien er für das Feedback und eine Beurteilung zugrunde legt und welche Rolle der neue Mitarbeiter im Team spielen soll.

Checkliste:
Einführungsgespräch ✔

- Planen Sie am ersten Tag genügend Zeit für ein erstes Gespräch mit dem neuen Mitarbeiter ein. ☐
- Stellen Sie sich ihm vor und erläutern Sie kurz Ihre Funktion und Aufgaben. ☐

- Geben Sie dem neuen Mitarbeiter Gelegenheit, sich selbst vorzustellen. ❑
- Mut zur Lücke! Beschränken Sie sich auf die für den ersten Tag wirklich wichtigen Informationen. Vermeiden Sie Monologe und zu lange Unternehmensdarstellungen, um den „Neuen“ nicht mit Informationen zu überfordern. ❑
- Berücksichtigen Sie, daß der neue Mitarbeiter nicht alle Informationen aus dem Einführungsgespräch behalten wird. Unterstützen Sie Ihre Ausführungen durch eine Einführungsschrift (vgl. unten) oder stellen Sie anderweitig sicher, daß er die wichtigsten Informationen nach dem Gespräch erneut einholen kann (z. B. von dem Kollegen, der ihn einarbeiten soll oder von einem Paten). ❑
- Damit Sie einen guten ersten Eindruck von dem neuen Mitarbeiter erhalten, sollte sein Redeanteil in diesem Einführungsgespräch deutlich höher sein als Ihr eigener. ❑
- Ermutigen Sie den neuen Mitarbeiter, von sich selbst zu sprechen; geeignete Themen sind die bisherige Tätigkeit, dabei gesammelte Erfahrungen usw. ❑
- Greifen Sie aus seinen Ausführungen die Dinge heraus, die am neuen Arbeitsplatz ähnlich sind. Damit stärken Sie sein Sicherheitsgefühl. ❑
- Vermeiden Sie Vorurteile; der neue Mitarbeiter soll sich seine eigene Meinung bilden. ❑
- Machen Sie auch auf „ungeschriebene Gesetze“ aufmerksam, damit der neue Mitarbeiter nicht ungewollt ins Fettnäpfchen tritt. ❑
- Wecken Sie keine falschen Hoffnungen oder Erwartungen, die Sie nicht einhalten können. ❑

Der Experte rät: ***Stellen Sie sicher, daß sich der neue Mitarbeiter am ersten Tag nicht nur mit der Lektüre von Unternehmensbroschüren oder ausschließlich mit Kopierarbeiten oder ähnlichem beschäftigen muß. Veranlassen Sie, daß eine erste echte Aufgabe für diesen Tag vorbereitet wird.***

Gerade in der Einarbeitungsphase sind Gespräche besonders wichtig. Belassen Sie es daher nicht bei diesem einzigen Einführungsgespräch, sondern nehmen Sie sich in regelmäßigen Abständen erneut Zeit für den neuen Mitarbeiter. So können Sie rechtzeitig eingreifen, bevor etwas aus dem Ruder läuft und tragen damit insgesamt zu einer erfolgreichen Einarbeitung bei.

Bei der Fülle der auf den neuen Mitarbeiter zukommenden Informationen stößt dieser bald an die Grenze seiner Aufnahmefähigkeit. Deshalb empfiehlt es sich, die wesentlichen Aussagen in einer Einführungsschrift zusammenzufassen. Eine solche Schrift erlaubt es dem neuen Mitarbeiter, die einzelnen Punkte nochmals in Ruhe nachzulesen; sie bietet außerdem Gewähr für eine vollständige und objektive Darstellung der betrieblichen Gegebenheiten. Um jederzeit die notwendige Aktualität sicherzustellen, empfiehlt sich die Einführungsschrift in Loseblattform als Ringbuch oder Schnellhefter.

Inhalte einer Einführungsschrift

- **Grußworte** (Geschäftsführung, Personalabteilung, Betriebsrat)
- **Vorstellung des Unternehmens**
  - Geschichtliche Entwicklung
  - Rechtsform, Kapitalverhältnisse, Konzernzugehörigkeit usw.
  - Organe des Unternehmens
  - Organisation (Betriebsstätten, Abteilungen); Organisationspläne
  - Produkte
  - Kennzahlen (Umsatzentwicklung, Anzahl Mitarbeiter)
- **Führungsinstrumente**
  - Führungsgrundsätze
  - Führen mit Zielvereinbarungen
  - Mitarbeiterbeurteilung
  - Betriebliches Vorschlagswesen
  - Interne Stellenausschreibung
- **Allgemeine Regelungen**
  - Arbeits-/Betriebsordnung
  - Regelung der Arbeitszeit

- Datenschutz
- Sicherheits- und Unfallverhütungsvorschriften
- Umgang mit Kunden, Lieferanten, Medien

- **Personalentwicklung**
  - Grundsätze
  - Berufsausbildung
  - Betriebliche Weiterbildung
  - Bildungsurlaub
- **Betriebliche Leistungen**
  - Lohn- und Gehaltsfindung
  - Sonstige finanzielle Leistungen
  - Prämiensysteme
  - Betriebliche Altersversorgung
  - Andere Sozialleistungen
- **Betriebliche Einrichtungen**
  - Kantine
  - Parkplätze
  - Betriebskindergarten
  - Freizeiteinrichtungen
- **Umweltschutz**
- **Betriebsrat**
  - Mitglieder
  - Aufgaben
  - Sprechzeiten
- **Betriebsarzt**
- **Telefonregister**
- **Aktuelle Betriebsvereinbarungen**
- **Informationen für besondere Zielgruppen**
  - Ausländische Mitarbeiter
  - Auszubildende, Praktikanten, Trainees

► Feedbackgespräch (Anerkennung und Kritik)

Grundsätzliches zum Feedback wurde bereits unter dem Stichwort „Gesprächstechnik" dargestellt (vgl. Seite 42). Durch ein regelmäßiges Feedback können Mißverständnisse zwischen den Gesprächspartnern weitgehend vermieden werden. An dieser Stelle geht es um das eigentliche Feedbackgespräch, dessen Inhalte vor allem das gemeinsame Besprechen von Leistungen, Erfolgen und Fehlern, einschließlich der damit verbundenen Anerkennung und Kritik sind. Mit Blick auf das Gesprächsziel, eine gute Leistung des Mitarbeiters sicherzustellen, ist das Feedbackgespräch eines der wichtigsten Mitarbeitergespräche.

Trotz der Bedeutung des Feedbackgesprächs tun sich viele Vorgesetzte oft schwer, ihren Mitarbeitern wirklich Feedback zu geben. Lob und Anerkennung, obwohl positiv gemeint, werden zu selten ausgesprochen. Und noch viel schwieriger wird es, wenn Fehlverhalten angesprochen werden muß. Oftmals wird die Chance, die das Gespräch in einer solchen Situation bietet, verkannt. Denn schließlich geht es bei der Kritik nicht um ein vorsätzliches und unbegründetes Abkanzeln eines Mitarbeiters, sondern um den richtigen Umgang mit Fehlern oder Fehlverhalten. Ein Vorgesetzter, der aus Harmoniebedürfnis, fehlendem Selbstvertrauen oder mangelnder Konfliktbereitschaft Fehler seiner Mitarbeiter nicht anspricht, handelt verantwortungslos. Er gibt seinen Mitarbeitern keine Chance, fehlerhaftes Verhalten zu korrigieren.

Wichtig: Lob und Anerkennung gehören ebenso wie richtig ausgesprochene Kritik zu den täglichen Führungsaufgaben. Die Praxis zeigt jedoch, daß Lob und Anerkennung viel zu selten ausgesprochen werden, weil gute Leistungen zu oft als Selbstverständlichkeit hingenommen werden.

Auch auf Mitarbeiterseite wird Lob zwiespältig betrachtet. Mancher Mitarbeiter hat den Eindruck, der Vorgesetzte benutzt das Lob nur als Vehikel für eine negative Nachricht, z. B. um einen positiven Einstieg in ein Kritikgespräch zu finden oder um zur Übernahme von unangenehmen Aufgaben zu motivieren. Lob ist in solchen Situationen nicht ehrlich gemeint und stößt daher auf Ablehnung. Lob und Anerkennung müssen ehrlich gemeint und glaubwürdig sein. Nur dann wirken sie positiv und tragen zum Aufbau von Selbstbewußtsein bei.

Grundsätzlich kann Lob vor der gesamten Gruppe ausgesprochen werden; in den nachfolgenden Situationen sollten Sie Lob jedoch unter vier Augen aussprechen:

- wenn Sie einen leistungsschwachen Mitarbeiter für eine eigentlich selbstverständliche Leistung loben wollen, um so zu seiner Entwicklung beizutragen,
- wenn eine besonders gute Leistung auch eine besondere Form des Lobes bedarf,
- wenn Sie eine gute Leistung loben wollen, welche die anderen Mitarbeiter nie erreichen werden.

Noch schwieriger als die Aussprache von Anerkennung erscheint vielen Vorgesetzten das Kritikgespräch. Im Kritikgespräch müssen Probleme, Fehler und Schwachstellen angesprochen werden. Wer mit Kritik kon-

Checkliste:
Lob und Anerkennung ✔

- Behandeln Sie alle Mitarbeiter gleich; loben Sie auch gute Leistungen von Mitarbeitern, die Ihnen persönlich nicht so sympathisch sind. ☐
- Loben Sie nicht den Menschen, sondern seine Leistung. ☐
- Loben Sie rechtzeitig, d. h. direkt im Anschluß an die gute Leistung. ☐
- Vermeiden Sie Standardfloskeln; machen Sie deutlich, worin die Leistung bestanden hat. ☐
- Benutzen Sie Lob nicht als Mittel zum Zweck. ☐
- Überprüfen Sie insbesondere bei Teamarbeiten, wer an der guten Leistung beteiligt war und das Lob verdient hat. ☐
- Haben Sie selbst Freude am Loben. ☐
- Loben Sie auch Teilerfolge. ☐
- Maßstab für Lob und Anerkennung sind nicht die anderen Mitarbeiter, sondern die Leistung, die individuell von den Mitarbeitern erwartet wird und zu der sie in der Lage sind. ☐
- Geben Sie Lob von nächsthöheren Vorgesetzten, Kunden oder anderen Personen an Ihre Mitarbeiter direkt weiter. ☐
- Lob und Anerkennung können Sie nur persönlich aussprechen, eine Delegation ist nicht möglich. ☐

frontiert wird, reagiert in den meisten Fällen zunächst mit Ablehnung, Widerwillen und Verteidigung. Die Palette von möglichen Verteidigungs- und Entschuldigungsversuchen ist lang:

- Der Mitarbeiter kann die Vorwürfe des Vorgesetzten nicht nachvollziehen und verlangt klare Beweise.

- Der Mitarbeiter macht die äußeren Rahmenbedingungen (zu viel Arbeit, Streß ...) für den Fehler verantwortlich.
- Der Mitarbeiter beruft sich auf ungenügende Informationen.
- Der Mitarbeiter sucht nach einem anderen Schuldigen: Vorgesetzte, Kollegen, die eigenen unterstellten Mitarbeiter.
- Der Mitarbeiter unterstellt seinem Vorgesetzten, ihn im Vergleich zu den Kollegen anders und daher ungerecht zu behandeln.
- Der Mitarbeiter gibt den Fehler unumwunden zu, um den Vorgesetzten zu überraschen.

Regeln für das Kritikgespräch

- Kritisieren Sie immer sachlich, taktvoll und unter vier Augen.
- Benennen Sie zu Anfang den Anlaß des Gesprächs.
- Beschreiben Sie das Fehlverhalten sachlich; begründen Sie Ihre Kritik stichhaltig und nachvollziehbar.
- Verlassen Sie sich nicht auf Mutmaßungen anderer oder auf Hörensagen; diese können allenfalls Anlaß für eigene Nachforschungen oder gezieltes Beobachten sein.
- Kritisieren Sie immer nur das Fehlverhalten, das im Zusammenhang mit der Arbeit steht; kritisieren Sie niemals Verhaltensweisen, die keine Auswirkung auf die Arbeit oder die Person des Mitarbeiters haben.
- Überprüfen Sie, bevor Sie kritisieren. Stellen Sie in unklaren Situationen zunächst fest, was sich genau überhaupt ereignet hat.
- Hören Sie sich unvoreingenommen den Standpunkt des Mitarbeiters an und wägen Sie diesen ab; seien Sie offen und unterstellen Sie nichts.
- Unterstützen Sie seine Einsicht, indem Sie auf Monologe verzichten; erarbeiten Sie gemeinsam die Gründe für das Fehlverhalten und Maßnahmen, wie dieses zukünftig vermieden werden kann.
- Regen Sie ihn durch gezielte Fragen zu anderen Sichtweisen an.
- Fragen Sie ihn nach Ursachen für das Fehlverhalten.
- Lassen Sie ihn mögliche Konsequenzen, also die Tragweite seines Fehlverhaltens, benennen.
- Fordern Sie den Mitarbeiter auf, eigene Lösungen für künftiges Verhalten und Vorgehensweise zu entwickeln, um erneute Fehler zu vermeiden.
- Vereinbaren Sie im Gespräch gemeinsam das künftige Verhalten.
- Fragen Sie ihn, welche Unterstützung er von Ihnen erwartet.

- Weisen Sie auf die Überprüfung des vereinbarten Verhaltens hin, und benennen Sie die Maßstäbe Ihrer Kontrolle.
- Finden Sie deutliche Worte, beziehen Sie Stellung, aber immer in angemessenem Ton.
- Reagieren Sie bei wiederholtem Fehlverhalten mit entsprechenden Konsequenzen.
- Fördern Sie Eigenverantwortung und Selbstkontrolle.
- Beenden Sie das Gespräch positiv, seien Sie nicht nachtragend und suchen Sie nicht bewußt nach weiteren Fehlern.
- Seien Sie ein gutes Vorbild beim Umgang mit Kritik, indem Sie selbst offen für konstruktive Kritik aus den Reihen Ihrer Mitarbeiter sind.

Die Erfahrungen aus vielen Führungsseminaren zeigen, daß das Kritikgespräch den Teilnehmern immer besonders schwer fällt. Zusätzlich zu den vorgenannten Inhalten wurden die Trainer immer wieder nach dem idealen Gesprächsablauf gefragt. Auch hier gilt, daß jedes Gespräch anders verläuft. Sehen Sie deshalb den folgenden Leitfaden lediglich als grobe Gliederungshilfe an, die Ihnen noch genügend Spielraum läßt, um im Einzelfall flexibel zu reagieren.
Grundsätzlich soll Kritik unter vier Augen ausgesprochen werden. Es gibt

Leitfaden zum Kritikgespräch

- Positive Gesprächseröffnung.
- Fehlverhalten nennen und Mitarbeiter dazu äußern lassen (kein einseitiges Abkanzeln!).
- Geduldig zuhören – Verständnis aufbringen.
- Gemeinsam nach den Gründen für das Fehlverhalten suchen.
- Gemeinsam überlegen, was zu tun ist, um die Fehler in Zukunft zu vermeiden.
- Je nach Anlaß Auswirkungen auf den Betrieb untersuchen.
- Prüfen, inwieweit der Vorgesetzte oder der Betrieb Hilfe leisten können.
- Künftiges Verhalten vereinbaren (Mitarbeiter soll sich ausdrücklich zu den angestrebten Verhaltensänderungen äußern).
- Mitarbeiter Mut zusprechen.
- Auf Kontrolle des künftigen Verhaltens hinweisen.
- Gute Leistungen nicht vergessen.
- Positiver (einvernehmlicher) Schluß.

jedoch auch Situationen, in denen Kritik sofort und im Beisein anderer Mitarbeiter erforderlich ist. Klassischer Fall ist die Verletzung von Sicherheitsvorschriften. Um auch andere Mitarbeiter vorsorglich auf entsprechendes Fehlverhalten hinzuweisen, und insbesondere, wenn Gefahr im Verzug ist, muß der Vorgesetzte sofort deutliche Worte finden. Aber auch Provokationen vor der gesamten Gruppe durch einen Mitarbeiter darf der Vorgesetzte nicht unkommentiert durchgehen lassen.

Ein Kritikgespräch verlangt eine besonders gründliche Vorbereitung. Informieren Sie sich genau über den Kritikanlaß, damit es nicht zu unberechtigter Kritik kommt. Fragen Sie sich vorab:

- Was genau hat sich ereignet?
- Welchen Anteil hat der betroffene Mitarbeiter an dieser Situation?
- Haben auch andere Mitarbeiter einen Anteil an dieser Situation, und wenn ja, in welchem Umfang?
- Habe ich selbst durch mein Verhalten zu dieser Situation beigetragen?
- Ist eine solche Situation schon öfter vorgekommen und welche Hintergründe hat es damals gegeben?

Im Gespräch sind Flexibilität und Einfühlungsvermögen gefragt, um auf die Äußerungen des Mitarbeiters einzugehen, sowie Kreativität und Improvisationsvermögen, um je nach Verlauf des Gesprächs angemessen zu reagieren. Die nachfolgende Tabelle enthält einige Beispiele, zu welchen Situationen es im Kritikgespräch kommen und wie der Vorgesetzte angemessen darauf reagieren kann.

Der Mitarbeiter ...	**Der Vorgesetzte ...**
... sagt, daß auch andere an dem Fehlverhalten Schuld haben.	... antwortet, daß er der Sache nachgehen werde, führt das Kritikgespräch mit diesem Mitarbeiter aber konsequent fort, jedoch mit Blick auf den möglicherweise reduzierten Anteil des Mitarbeiters an dem Fehlverhalten.
... wirft dem Vorgesetzten vor, ihn nicht rechtzeitig und umfassend informiert zu haben.	... prüft diesen Vorwurf und reduziert – wenn dieser begründet ist – das Kritikgespräch auf den Anteil, den der Mitarbeiter an dem Fehlverhalten hat.

... verweist darauf, daß der Fehler von den ihm unterstellten Mitarbeitern verursacht worden ist.	... weist diese Entschuldigung scharf zurück, denn der Mitarbeiter verhält sich seinen eigenen Mitarbeitern gegenüber nicht nur höchst unloyal, sondern übersieht auch, daß er auch für deren Handlungen die Verantwortung trägt.
... gesteht seinen Fehler unumwunden ein.	... überprüft, ob der Mitarbeiter dieses Eingeständnis ehrlich meint. Wenn ja, dann lobt er ihn dafür und geht in der nächsten Gesprächsphase darauf ein, wie in Zukunft ähnliche Fehler vermieden werden können.

Trotz eines korrekt geführten Kritikgesprächs ist nicht auszuschließen, daß einzelne Mitarbeiter ihr fehlerhaftes Verhalten beibehalten. Wie gehen Sie mit solchen „Wiederholungstätern" um?

Reagieren Sie zunächst mit Skepsis auf die Beteuerungsversuche des Mitarbeiters, der Fehler würde nicht mehr vorkommen. Überprüfen Sie anhand der nachfolgenden Fragen, warum es immer wieder zu den gleichen Fehlern kommt und wo die Ursachen zu suchen sind:

- Haben ihn die äußeren Bedingungen an einer Verbesserung gehindert?
- Haben Sie selbst ihn nicht ausreichend unterstützt, z. B. durch zu knappe Informationen aufgrund des hohen Arbeitsvolumens?
- Haben Sie das letzte Gespräch in dieser Sache mit klaren Zielen abgeschlossen, wie eine Verbesserung erreicht werden soll?
- Welche Bemühungen hat der Mitarbeiter seit dem letzten Gespräch unternommen, um eine Verbesserung zu erzielen?
- Ist der Mitarbeiter durch die Aufgabe ggf. überfordert?
- Gibt es Probleme im Team?

Wenn Sie nach Beantwortung dieser Fragen immer noch der Meinung sind, die Gründe für den Fehler liegen beim Mitarbeiter, sollten Sie fair, aber mit angemessenen Konsequenzen reagieren.

Immer wieder problematisch erscheint der Balanceakt zwischen einem positiven Gesprächseinstieg und dem Ansprechen von Fehlverhalten. Wer ein Kritikgespräch ungeschickt beginnt, erntet von dem Mitarbeiter Argwohn und Mißtrauen.

Beispiel:

Ihre Sekretärin, Frau Meyer, wurde erst vor kurzem in Ihre Abteilung versetzt. Grund hierfür war, daß die Abteilung, in der sie bisher gearbeitet hat, aufgelöst werden soll. Darüber hinaus wollte sie durch einen Wechsel in eine andere Abteilung beruflich hinzulernen. Die bisherigen Beurteilungen waren immer ausgezeichnet.
Grundsätzlich sind Sie mit den Leistungen von Frau Meyer zufrieden. Sie kennt sich sehr gut mit den PC-Anwendungen aus, arbeitet Ihre Korrespondenz zügig und sehr sorgfältig ab und erstellt – auf der Basis von Stichwörtern – sehr anschauliche Präsentationen.
Weniger zufrieden sind Sie mit ihrer Art am Telefon. So läßt sie das Telefon häufiger klingeln, bevor sie abnimmt, ist Kunden gegenüber oftmals ungehalten und verbindet die Gespräche nicht richtig weiter.
Wie reagieren Sie in dem anstehenden Mitarbeitergespräch? Gut gemeint, aber unglücklich formuliert, wäre der nachfolgende Gesprächseinstieg:
„Frau Meyer, Sie sind nun ja seit einiger Zeit in unserer Abteilung tätig und hatten Gelegenheit, sich einzuarbeiten. Besonders beeindruckt bin ich von Ihren Kenntnissen in Bezug auf unsere PC-Programme. Die Präsentationen, die Sie erstellen, sind wirklich ausgezeichnet und bei der Korrespondenz kann ich mich wirklich voll verlassen …"
Versetzen Sie sich in diese Gesprächssituation einmal hinein. Würden Sie nicht auch automatisch ein „aber" erwarten, mit dem zu den nicht so guten Leistungen übergeleitet wird? Besser ist ein neutraler Gesprächseinstieg, der zugleich einen kleinen Ausblick auf Anlaß und Ziel des Gespräches gibt.
„Frau Meyer, Sie sind ja nun seit einiger Zeit in unserer Abteilung tätig und konnten sich bereits einarbeiten. Das heutige Gespräch möchte ich gerne nutzen, um gemeinsam zu besprechen, was aus Ihrer bzw. meiner Sicht gut läuft und an welchen Stellen noch Verbesserungsbedarf besteht..."
Nun sollten Sie das Wort der Mitarbeiterin überlassen, um zunächst ihre Sichtweise zu erfahren. Ihre eigenen Punkte könnten Sie dann wie folgt formulieren:
„Sehr zufrieden bin ich mit Ihrer Bearbeitung der Korrespondenz und dem Erstellen von Präsentationen. Da verlasse ich mich wirklich gerne auf Ihre Unterstützung. Dagegen sehe ich noch Verbesserungsbedarf beim Umgang mit dem Telefon. Also schildern Sie doch selbst erst einmal, wie Sie diesen Teil Ihrer Tätigkeit erleben …"

► Rückkehrgespräch/Fehlzeitengespräch

Fehlzeiten kosten das Unternehmen viel Geld. Gerade durch die Diskussion über Veränderungen bei der Lohnfortzahlung und damit verbundene Kostensenkungen ist das Thema „Fehlzeiten" wieder aktuell geworden. Auch wenn sich die Fehlzeitenquote in den Unternehmen in der letzten Zeit verringert hat, sollte sich jedes Unternehmen mit diesem Thema beschäftigen, um ggf. unangemessen hohen Fehlzeiten entgegenzuwirken. Ein wichtiges Instrument dafür ist das Fehlzeiten- oder Rückkehrgespräch.

Wichtig: Wichtigstes Gesprächsziel ist der Abbau von Fehlzeiten und die Reduzierung der damit verbundenen Kosten. Gleichzeitig bewirkt das Rückkehrgespräch aber auch eine Verbesserung des Betriebsklimas. So zeigen die Vorgesetzten ihren Mitarbeitern, daß ihre Abwesenheit wahrgenommen worden ist, daß man ihre Mitarbeit im Unternehmen schätzt und daß man sich über ihre Rückkehr freut.

Ein Gespräch über Fehlzeiten verfolgt unterschiedliche Ziele. Auf der einen Seite geht es um die Wiedereingliederung des genesenen Mitarbeiters. Andererseits ist jedes Fehlzeitengespräch auch ein Stück Ursachenforschung, um insbesondere bei ungerechtfertigten Fehlzeiten das Unternehmen vor wirtschaftlichem Schaden zu bewahren.

Fehlzeitengespräch – Leitfaden

- Wählen Sie einen positiven Gesprächseinstieg, und informieren Sie den Mitarbeiter über den Anlaß des Gespräches.
- Sprechen Sie mit dem Mitarbeiter über wichtige Dinge, die während seiner Abwesenheit geschehen sind, und erleichtern Sie ihm so den Wiedereinstieg.
- Erkundigen Sie sich nach seinem derzeitigen Befinden.
- Sprechen Sie mit ihm über die Ursachen der Abwesenheit; berücksichtigen Sie dabei
  - die Länge der Abwesenheit,
  - Häufigkeit von bisherigen Abwesenheiten,
  - ob der Grund für die Abwesenheit mit der Arbeitsumgebung (Art der Tätigkeit, Arbeitsbedingungen, Betriebs- und Gruppenklima, Führungsstil ...) zusammenhängt.
- Verdeutlichen Sie je nach Dauer und Häufigkeit der Abwesenheit
  - die wirtschaftlichen Konsequenzen für das Unternehmen,
  - die Auswirkungen auf die Kollegen.
- Erarbeiten Sie gemeinsam mit dem Mitarbeiter Lösungen, um Fehlzeiten zukünftig zu reduzieren bzw. ganz zu vermeiden. Berücksichtigen Sie dabei
  - was das Unternehmen tun kann,
  - was der Mitarbeiter selbst tun will.
- Bieten Sie – soweit möglich – Hilfestellung an (Betriebsrat, Betriebsarzt, Stundenreduzierung, Wechsel des Arbeitsplatzes ...)
- Beziehen Sie deutlich Stellung, aber vermitteln Sie dem Mitarbeiter gleichzeitig das Gefühl, daß er als Mensch geschätzt und im Unternehmen gebraucht wird.

Disziplinargespräch

Anlaß für das Disziplinargespräch ist eine schwere Verfehlung des Mitarbeiters. Dies hat zunächst meist die **Abmahnung** sowie das damit zusammenhängende Gespräch zur Folge. In manchen Fällen wird sogar direkt die Kündigung ausgesprochen bzw. folgt die **Kündigung** auf eine erfolglos gebliebene Abmahnung.

Wegen der möglichen rechtlichen Konsequenzen ist das Disziplinargespräch von besonderer Tragweite. Für den Vorgesetzten bedeutet dies:

- genaue Recherche des tatsächlichen Sachverhalts einschließlich der vorliegenden Beweise,
- gründliche Vorbereitung auf das Gespräch,
- vorherige Rücksprache sowie Abstimmung über die weitere Vorgehensweise mit dem nächsthöheren Vorgesetzten und der Personalabteilung, vor allem mit Blick auf die arbeitsrechtlichen Folgen,
- Beteiligung des Betriebsrates.

Im Gegensatz zu den vorangegangenen Ausführungen sollte das Disziplinargespräch nicht unter vier Augen geführt werden. Wichtigster Grund ist die Absicherung durch einen Zeugen. Darüber hinaus steigt für den betroffenen Mitarbeiter die Bedeutung des Gespräches, wenn ihm mehrere Gesprächspartner gegenüber sitzen. Sie selbst können während des Gesprächs ggf. auf die fachliche Unterstützung der anderen Gesprächsteilnehmer zurückgreifen (z. B. Erläuterung der arbeitsrechtlichen Konsequenzen durch den Mitarbeiter der Personalabteilung).

Checkliste: **Disziplinargespräch** ✔

- Begrüßen Sie den Mitarbeiter und stellen Sie die weiteren Gesprächspartner vor, soweit nicht bereits bekannt. ☐
- Seien Sie als Person höflich, aber ernst in der Sache. ☐
- Nennen Sie dem Mitarbeiter den Gesprächsanlaß (Erteilung einer Abmahnung, Aussprechen der Kündigung). ☐
- Fragen Sie den Mitarbeiter, ob er ein Betriebsratsmitglied zu dem Gespräch hinzuziehen möchte und veranlassen Sie dieses. ☐
- Beschreiben Sie das Fehlverhalten sachlich und stichhaltig. Begründen Sie die Entscheidung und machen Sie den Ernst der Situation deutlich. ☐
- Geben Sie dem Mitarbeiter Gelegenheit, seine Sichtweise darzustellen. Vermeiden Sie jedoch eine endlose Diskussion oder das wiederholte Austauschen längst genannter Argumente. ☐
- Lassen Sie keinen Zweifel daran: Die Entscheidung ist gefallen und kann nicht mehr revidiert werden. ☐
- Richten Sie den Blickwinkel in die Zukunft, d. h. was kann unternommen werden, damit es nicht noch einmal zu einer solchen Situation kommt (Ausnahme: das Kündigungsgespräch). ☐
- Machen Sie die Konsequenzen deutlich, wenn der Mitarbeiter sein Verhalten in Zukunft nicht nachhaltig ändert. ☐
- Lassen Sie sich zu keinem Zeitpunkt das Gespräch aus der Hand nehmen. ☐
- Stellen Sie sich darauf ein, daß der Mitarbeiter Ihr Mitgefühl ansprechen wird. ☐

Abgangsgespräch

Das Abgangsgespräch wird immer dann geführt, wenn ein Mitarbeiter von sich aus gekündigt hat und das Unternehmen verlassen möchte. Dem Unternehmen geht dadurch viel Potential, betriebsspezifisches Wissen und Erfahrung verloren. Vor diesem Hintergrund ist das Abgangsgespräch ein ideales Instrument, um die Gründe für die Kündigung in Erfahrung zu bringen. Gelegentlich wird das Abgangsgespräch auch bei der Erstellung eines Zeugnisses geführt.

Abgangsgespräch - Leitfaden

- Information über die Vertraulichkeit des Gesprächs
- Ermunterung, alles auszusprechen
- Hinweis, daß das Zeugnis durch dieses Gespräch nicht beeinflußt wird
- Gründe für die Kündigung erfragen
  - Wurden die Erwartungen des Mitarbeiters an die eigene Stelle nicht erfüllt?
  - Fragen nach dem Betriebsklima, Arbeitsbedingungen
  - Wie wurden die Möglichkeiten zu Weiterbildung und Aufstieg beurteilt?
  - Wie wurde der Führungsstil des Vorgesetzten eingeschätzt?
  - Arbeitsentgelt und Sozialleistungen
  - Gibt es andere Gründe für die Kündigung?
- Wie hätte die Kündigung verhindert werden können?
- Fragen nach neuer Position/neuem Arbeitgeber
- Je nach Situation, Versuch, den Mitarbeiter noch einmal umzustimmen
- Ggf. Vereinbarungen zur weiteren Abwicklung des Ausscheidens

Zu den wichtigsten Spielregeln eines Abgangsgesprächs gehört, daß der Mitarbeiter informiert wird, wie seine Informationen weiterverwendet werden. Es muß sicher sein, daß das Abgangsgespräch keine nachteiligen Auswirkungen auf das Zeugnis hat. Diese Zusicherung wird glaubhaft unterstützt, wenn der Mitarbeiter weiß, daß er eine Kopie des Gesprächsprotokolls erhält.

Aus Vereinfachungsgründen, und um das erforderliche Protokoll zu sichern, setzen manche Unternehmen für das Abgangsgespräch ein Formular ein.

Abgangsgespräch – Protokoll

Name: ______________	Position: ______________
Abteilung: ______________	Vorgesetzter: ______________
Eintrittsdatum: ______________	Austrittsdatum: ______________

Entwicklung im Unternehmen:

Datum:	Position:	Gehalt:	Beurteilung:
________	________	________	________
________	________	________	________
________	________	________	________
________	________	________	________

Lassen Sie den Mitarbeiter die nachfolgenden Aspekte bewerten. Notieren Sie wichtige Aspekte seiner Ausführungen – wenn notwendig – auf einem gesonderten Blatt.

	sehr gut	gut	zufrieden-stellend	schlecht
1. Position und Aufgabe				
1.1 Tätigkeit	☐	☐	☐	☐
1.2 Verantwortung	☐	☐	☐	☐
1.3 Organisation	☐	☐	☐	☐
1.4 Weiterentwicklung	☐	☐	☐	☐
2. Führung durch den Vorgesetzten				
2.1 Zusammenarbeit/Unterstützung	☐	☐	☐	☐
2.2 Kommunikation und Feedback	☐	☐	☐	☐
2.3 Förderung	☐	☐	☐	☐
3. Arbeitsbedingungen				
3.1 Abteilungsklima	☐	☐	☐	☐
3.2 Betriebsklima	☐	☐	☐	☐
3.3 Arbeitszeiten	☐	☐	☐	☐
3.4 Bezahlung	☐	☐	☐	☐

4. Kündigungsgrund

5. Wie hätte die Kündigung verhindert werden können?

6. Welche positiven Aspekte werden mit dem Unternehmen verbunden?

7. Neuer Arbeitgeber: **Neue Position:**

Unterweisungsgespräch

Die Unterweisung seiner Mitarbeiter gehört zu den Daueraufgaben eines Vorgesetzten. Jede Weitergabe vorhandener Fertigkeiten und Kenntnisse an die Mitarbeiter ist praktisch eine kleine Unterweisung. Je eindeutiger die Unterweisung in neue Aufgaben vorgenommen wird, um so weniger ist mit Fehlern und Doppelarbeit zu rechnen. In der Praxis sind leider noch immer bloßes Anweisen bzw. Zuhören oder Zusehen lassen anzutreffen.

Besonders bewährt hat sich die zielgerichtete, an pädagogischen Prinzipien orientierte Vier-Stufen-Methode. Sie wird auch bei der Unterweisung von Auszubildenen regelmäßig eingesetzt. In der folgenden Übersicht ist die idealtypische Vorgehensweise dargestellt. Das jeweils dreimalige Vorführen und Nachmachen in den Stufen 2 und 3 kann bei einfachen Unterweisungsvorgängen entsprechend reduziert werden.

Die mehrfache Wiederholung kostet zwar Zeit, aber sie führt zu einem sicheren und fehlerfreien Arbeiten. Darüber hinaus sind zahlreiche weitere Vorteile zu nennen:

- Der Lernstoff wird auf anschauliche Weise und unter realistischen Bedingungen vermittelt; dadurch entfällt das Transferproblem.
- Es handelt sich um eine aktive Lernmethode, bei welcher der Lernende auch das „Wie" und „Warum" der einzelnen Tätigkeit erfährt.
- Die Methode knüpft an vorhandene Fertigkeiten und Kenntnisse an.
- Die Vermittlung des Lernstoffes kann sinnvoll und mit Blick auf die besonderen Bedürfnisse des Mitarbeiters geplant werden. Die einzelnen Lernschritte bleiben dabei überschaubar und ein individuelles Lerntempo ist möglich.
- Der Mitarbeiter muß den neuen Arbeitsgang nicht lange und vergeblich selbst probieren, denn er erlernt sofort die richtige Vorgehensweise.
- Durch die Teilnahme an der Erfahrung des Lehrenden stellen sich rasch erste Erfolge ein, die Sicherheit sowie Motivation zum Weiterlernen vermitteln.

Wichtig: Die Unterweisung mittels der Vier-Stufen-Methode stellt sicher, daß Lernen nicht dem Zufall überlassen bleibt, sondern systematisch durchgeführt wird.

Inhalt und Ablauf einer Unterweisung

1. Stufe: Vorbereitung
- Bereiten Sie sich selbst und die Arbeit vor
  - Zergliedern Sie den Arbeitsvorgang
  - Bereiten Sie den Arbeitsplatz für die Unterweisung vor
  - Nehmen Sie sich ausreichend Zeit
- Bereiten Sie den Mitarbeiter vor
  - Nehmen Sie ihm die Befangenheit und vermitteln Sie ihm Sicherheit
  - Stellen Sie fest, was er schon kann
  - Wecken Sie Interesse für die Aufgabe

2. Stufe: Erklären und vormachen
- Vermitteln Sie dem Mitarbeiter einen Gesamtüberblick über die Aufgabe, indem Sie diese in geraffter Form vormachen und erklären
- Machen Sie die Aufgabe ein zweites Mal ausführlich vor
  - Geben Sie ausführliche Erklärungen
  - Verwenden Sie die notwendigen Fachbegriffe
  - Begründen Sie Ihre Vorgehensweisen
  - Weisen Sie auf mögliche Probleme hin
  - Regen Sie den Mitarbeiter zu Fragen an
- Bei schwierigen Aufgaben: Nochmals vormachen und Kernpunkte wiederholen

3. Stufe: Nachmachen lassen
- Lassen Sie den Unterwiesenen die Aufgabe ausführen
  - Wenig Kommentar
  - Verbessern Sie (zunächst) nur grobe Fehler
- Lassen Sie den Unterwiesenen die Aufgabe ein zweites Mal ausführen
  - Verlangen Sie detaillierte Erklärungen und Begründungen
  - Prüfen Sie das Verständnis der einzelnen Arbeitsschritte
  - Verbessern Sie Fehler
  - Lassen Sie Fachausdrücke verwenden
- Falls erforderlich, weitere Wiederholung
  - Lassen Sie nur noch Kernpunkte herausstellen

4. Stufe: Abschluß
- Lassen Sie den Mitarbeiter selbständig üben
  - Erteilen Sie einen Probeauftrag
- Benennen Sie eine Kontaktperson, die helfen kann
  - Kollegialitätsempfinden fördern
  - Sicherheitsgefühl erhöhen
- Beobachten Sie die Übungsfortschritte, und erkennen Sie die Erfolge an

2.9 Sonderfälle

Bei den nachfolgenden Gesprächen handelt es sich nicht um typische Mitarbeitergespräche im Sinne der eingangs dargelegten Abgrenzung. Gleichwohl kommen auch diese Gespräche im betrieblichen Alltag häufig vor, so daß auf eine kurze Darstellung nicht verzichtet werden sollte.

▶ Vorstellungsgespräch

Eine besondere Stellung nimmt das Vorstellungsgespräch ein. Es ist kein Mitarbeitergespräch, denn die Bewerber sind noch nicht Mitarbeiter, so daß das für Mitarbeitergespräche typische Abhängigkeitsverhältnis noch nicht besteht. Außerdem wird das Vorstellungsgespräch zumeist in der Personalabteilung und nicht in der Fachabteilung geführt. Dennoch wird es hier behandelt, denn häufig ist der künftige Vorgesetzte auch schon bei der Personalauswahl beteiligt.

Beim Vorstellungsgespräch geht es darum, zu erkennen, ob ein Bewerber für eine bestimmte Position geeignet ist. Neben einer Vielzahl von Auswahlmethoden (Analyse der Bewerbungsunterlagen, biographischer Fragebogen, Testverfahren usw.) spielt das persönliche Gespräch nach wie vor eine zentrale Rolle bei der Auswahl neuer Mitarbeiter. In vielen Unternehmen ist das Vorstellungsgespräch auch heute noch das einzige Instrument, um eine Auswahlentscheidung zu treffen. Werden umfassende Auswahlverfahren (z. B. ein Assessment Center) durchgeführt, so sollte mindestens ein persönliches Gespräch Bestandteil des Verfahrens sein.

Basis im Vorstellungsgespräch ist das Anforderungsprofil der zu besetzenden Stelle. Im Gespräch gilt es festzustellen, ob und in welchem Umfang die Bewerber über die im Anforderungsprofil definierten Fähigkeiten verfügen. Dabei geht es insbesondere darum, persönliche Eigenschaften des Bewerbers (z. B. Teamfähigkeit, eigenverantwortliches Handeln) anzusprechen, die sich anhand der schriftlichen Bewerbungsunterlagen kaum beurteilen lassen.

Um insbesondere überfachliche Qualifikationen zu überprüfen, gilt es, soviel Praxisbezug wie möglich in das Gespräch einzubringen. Dies erreichen Sie über die sogenannte situative Gesprächsführung.

Beispiel:
„In welcher Situation sind Sie wie vorgegangen, warum und um was zu erzielen?“

Situative Gesprächsführung bedeutet im Vorstellungsgespräch, den Bewerber mit möglichst vielen, praxisnahen Situationen zu konfrontieren. Themen im Rahmen dieser situativen Gesprächsführung sind zunächst real existierende Erfahrungen des Bewerbers. Dahinter steht der Gedanke, daß man nur über Dinge, die man tatsächlich selbst erlebt hat, umfassend und überzeugend Auskunft geben kann. Wer dagegen über etwas detailliert Auskunft geben soll, das er nur vom Hörensagen kennt, gerät schnell ins Stocken und wirkt i. d. R. unglaubwürdig.

Der Experte rät: ***Geben Sie sich nicht mit oberflächlichen Antworten des Bewerbers zufrieden, sondern haken Sie nach, um auch die Details seiner Erfahrungen zu erkennen.***

Darüber hinaus erreichen Sie eine situative Gesprächsführung auch mittels fiktiver Situationen. Sie konfrontieren den Bewerber mit bekannten, ggf. kritischen Situationen des potentiellen Arbeitsplatzes und erhalten so einen Eindruck, wie er damit umgehen würde. In solchen Gesprächssituationen neigen die Bewerber dazu, zunächst aus der „Vogelperspektive" zu beschreiben, wie sie sich in der jeweiligen Situation verhalten würden. Oder sie antworten im Sinne der „sozialen Erwünschtheit", d. h., wie sie glauben, daß der Gesprächspartner dies gerne hören möchte.

Zuverlässigere Antworten erhalten Sie, wenn Sie die jeweils geschilderte Situation in ein **Rollenspiel** umgestalten. So beschränkt sich der Bewerber nicht darauf, zu beschreiben, was er tun würde, sondern muß sofort agieren.

Beurteilen Sie die Reaktion des Bewerbers:

- Wie ist sein allgemeines Verhalten?
- Bleibt er trotz der gespannten Situation ruhig und besonnen?
- Sucht er nach einer akzeptablen Lösung für Ihr Problem?

Das Rollenspiel birgt dabei noch einen weiteren Vorteil: Sie können von der grundsätzlich geforderten, freundlichen und offenen Atmosphäre im Vorstellungsgespräch abweichen und – in angemessenem Umfang – als schwieriger Gesprächspartner auftreten. So konfrontieren Sie den Bewerber unmittelbar mit kritischen Situationen. Stellen Sie aber deutlich heraus, wann das Rollenspiel beendet ist und wieder zu der freundlichen und offenen Gesprächsatmosphäre eines Vorstellungsgesprächs zurückgekehrt wird.

Jede Position und jeder Bewerber sind anders, und deshalb wird auch jedes Vorstellungsgespräch anders verlaufen. Der nachfolgenden Leitfaden kann deshalb lediglich als **Anregung für den Gesprächsablauf** dienen; er kann in dieser Form auch gleichzeitig als Protokoll benutzt werden. Überlegen Sie jedoch vorab,

- **wie Sie** im Vorstellungsgespräch wichtige Punkte des Anforderungsprofils klären werden (z. B. Teamfähigkeit, PC-Kenntnisse),
- **welche Informationen** Sie aus den Unterlagen des jeweiligen Bewerbers detaillierter erfragen wollen (z. B. Kündigungsgründe),
- **welche Fragen** trotz Bewerbungsunterlagen noch offen sind (z. B. Eintrittstermin, Gehaltsvorstellungen).

Vorstellungsgespräch – Leitfaden	
Position: Abteilung: Vorgesetzter: Eintrittstermin:	Bewerber: Gespräch vom: Gesprächsteilnehmer:
Gesprächsphase/Erläuterungen	**Notizen**
Gesprächsbeginn	
– Begrüßung des Bewerbers – „Warming up“: angenehme Atmosphäre schaffen (Fragen zur Anreise etc.) – sich selbst und alle anwesenden Gesprächspartner mit Namen und Funktion vorstellen – den Ablauf des Gesprächs kurz skizzieren	
Bisheriger Werdegang des Bewerbers	
– den Bewerber zunächst seinen bisherigen Werdegang schildern lassen – nervöse Bewerber zu diesem Zeitpunkt nur unterbrechen, wenn unbedingt erforderlich – nachhaken, wenn etwas unklar ist bzw. wenn Sie den Grund für gewisse Entscheidungen wissen möchten, detailliertere Informationen benötigen etc.	
Jetziges Aufgabengebiet	
– Aufgaben und Kompetenzen – typischer Tagesablauf – welche Aufgaben werden gern/ungern erledigt – kritische Situationen – Grund für den angestrebten Wechsel	
Zukünftiges Aufgabengebiet	
– Erwartungen und Ziele – worauf wird besonders viel Wert gelegt (Betriebsklima, Teamarbeit, gleitende Arbeitszeit …) – welche Dinge werden abgelehnt	

Situative Fragestellungen	
– wichtige Aspekte des Anforderungsprofils hinterfragen – real existierende Erfahrungen des Bewerbers einbeziehen – fiktive Situationen zur Diskussion stellen	
Fragen zum Unternehmen	
– wie sind Sie auf unser Unternehmen und die ausgeschriebene Position aufmerksam geworden – warum haben Sie sich bei uns beworben – was wissen Sie über unser Unternehmen und unsere Produkte	
Vorstellung des Unternehmens und der zu besetzenden Position	
Informieren Sie den Bewerber offen und ehrlich, damit auch er sich ein realistisches Bild von Ihrem Unternehmen machen kann. Dazu gehören: – das Unternehmen und seine Marktposition – Produktpalette/Dienstleistungen – die zu besetzende Position (Aufgaben, Umfeld ...) – vertragliche Fragen (Sozialleistungen, Arbeitszeiten ...)	
Offene Fragen des Bewerbers klären	
Abschließende Formalitäten	
– frühestmöglicher Eintrittstermin – derzeitiges Ist-Gehalt – erwartetes Gehalt – gesundheitliche Einschränkungen	
Gesprächsabschluß	
– dem Bewerber das weitere Verfahren erläutern – Dank für das Gespräch aussprechen – Verabschiedung	

Mitarbeiterbesprechung

Bei der Mitarbeiterbesprechung geht es um das Gespräch mit einer Gruppe von Mitarbeitern. Besprechungsgegenstand kann die gegenseitige Information, der Erfahrungsaustausch oder das gemeinsame Lösen von Problemen, aber auch das Ausräumen von Meinungsverschiedenheiten oder die Schlichtung von Konflikten sein. Wie das Mitarbeitergespräch, kann auch die Mitarbeiterbesprechung aus aktuellem Anlaß erforderlich werden oder in festem Turnus stattfinden.

Turnusmäßige Bespechungen sind z. B.

- die monatlichen Besprechungen über die anstehenden Aufgaben und Projekte,
- regelmäßige Projektbesprechungen mit allen Projektbeteiligten,
- jährliche Strategiebesprechungen über die Zielsetzungen der Abteilung im Folgejahr.

Eine **erfolgreiche Mitarbeiterbesprechung** nützt Mitarbeitern und Vorgesetzten gleichermaßen:

- Die Erfahrung und das Fachwissen einer ganzen Gruppe können gleichzeitig genutzt werden.
- Bei der Entscheidungsfindung werden unterschiedliche Meinungen berücksichtigt.
- Bei Meinungsverschiedenheiten kann rechtzeitig nach einem Kompromiß gesucht werden.
- Das Verständnis für den anderen wird verbessert (z. B. ist es für den Vorgesetzten wichtig, rechtzeitig die Meinung seiner Mitarbeiter zu erfahren).
- Durch den Synergieeffekt kommt es im Team zu besseren und manchmal auch originelleren Lösungen.
- Voreilige Entschlüsse werden verhindert.
- **Der Hauptvorteil: Wenn die Mitarbeiter an der Entscheidungsfindung beteiligt sind, sind sie auch bereit, an ihrer Verwirklichung mitzuwirken**.

Diese vielen Vorteile bedeuten jedoch nicht zwangsläufig, daß jede Mitarbeiterbesprechung auch erfolgreich ist. Werner Finck hat eine Besprechung einmal als eine Veranstaltung bezeichnet, „bei der viele hineingehen und nur wenig herauskommt“. Leider gilt dies auch für viele Mitarbeiterbesprechungen. Die Arbeitskapazität mehrerer Mitarbeiter wird in der Besprechung gebunden, aber die aufgewandte Zeit und Energie stehen oft in keinem befriedigenden Verhältnis zu den erreichten Ergebnissen.

U. a. kommen dafür folgende Gründe infrage:

- mangelhafte Vorbereitung,
- zu viele oder falsch ausgewählte Teilnehmer,
- persönliche Profilierungsbestrebungen einzelner Teilnehmer,
- falsch gewählter Besprechungszeitpunkt oder
- ein unqualifizierter Besprechungsleiter.

Außerdem zeigt die Erfahrung, daß oft überflüssige Mitarbeiterbesprechungen durchgeführt werden. Prüfen Sie zunächst, ob eine Mitarbeiterbesprechung überhaupt notwendig ist. Können die anstehenden Fragen nicht auch allein oder im Zweiergespräch gelöst werden? Sind manche Fragen nicht überhaupt schon gelöst? Alibibesprechungen sind kein Mittel, um die Mitarbeiter zu motivieren. Diese spüren schnell, ob sie wirkliche Entscheidungen zu treffen haben oder nur für eine Statistenrolle ausgewählt wurden.

Checkliste: **Notwendigkeit einer Mitarbeiterbesprechung**	**Ja**	**Nein**
• Eignet sich das Problem für die Behandlung in der Gruppe?	❑	❑
• Kann die Entscheidung nicht durch den Vorgesetzten oder einzelne Mitarbeiter getroffen werden?	❑	❑
• Reicht zur Lösung des Problems nicht ein Zweiergespräch?	❑	❑
• Ist die Fragestellung nicht schon gelöst (z. B. durch eine Grundsatzentscheidung)?	❑	❑
• Ist die Gruppe für diese Fragestellung überhaupt zuständig?	❑	❑
• Was kostet die Besprechung?	❑	❑
• Besteht die Gefahr, daß das Problem durch die Mitarbeiterbesprechung eher verschleppt oder zusätzlich kompliziert wird?	❑	❑
• Was geschieht, wenn keine Besprechung stattfindet?	❑	❑

Wenn Sie zum Ergebnis kommen, daß eine Mitarbeiterbesprechung erforderlich ist, dann hängt es weitgehend von Ihnen ab, die Weichen durch eine gute Vorbereitung und eine zügige und faire Besprechungsleitung auf Erfolg zu stellen.

Vorbereitung einer Mitarbeiterbesprechung
Personelle Vorüberlegungen
• Wer aus dem Team (Abteilung) muß eingeladen werden? ________
• Sind abteilungsexterne Teilnehmer zu berücksichtigen? ________
• Ist der Teilnehmerkreis einigermaßer homogen? ________
• Welche Kenntnisse bringen die Teilnehmer mit? ________
• Was können die Teilnehmer zur Lösung des Problems beitragen? ________
• Müssen alle Teilnehmer zu allen Besprechungspunkten anwesend sein? ________
Thematische Vorbereitung
• Sind die Themen eindeutig formuliert? ________
• Gibt es klare Besprechungsziele? ________
• Lassen sich die Themen in begrenzter Zeit behandeln? ________
• Welche alternativen Meinungen werden voraussichtlich vertreten? ________
• Welche zusätzlichen Probleme können zur Sprache kommen? ________
Organisatorische Vorbereitung
• Störungsfreier Besprechungort ________
• Zeitpunkt; Dauer ________
• Unterlagen für die Teilnehmer ________
• Bewirtung ________
• Benötigte Hilfsmittel (Blöcke, Schreibzeug, Flipcharts, Pinwände, Projektor usw.) ________

Zur organisatorischen Vorbereitung gehört auch eine **rechtzeitige und aussagekräftige Einladung der Teilnehmer** unter Bekanntgabe der Tagesordnung:

- Wo findet die Besprechung statt?
- Termin und voraussichtliche Dauer.
- Jedes Einzelthema als eigenen Tagesordnungspunkt berücksichtigen.

- Die „heißen Eisen“ nicht im Punkt „Verschiedenes“ verstecken.
- Die Tagesordnungspunkte aussagekräftig formulieren (z. B. nicht „Fertigung“ oder „Ausschußquote“, sondern „Maßnahmen gegen die überdurchschnittliche Ausschußquote in der Endfertigung“).
- Welche Unterlagen sind mitzubringen?
- Wer nimmt noch an der Besprechung teil?

Wichtig: Die Verantwortung für den Ablauf der Mitarbeiterbesprechung liegt beim Vorgesetzten. Ihm muß es gelingen, den Kontakt zu und unter den Teilnehmern herzustellen, ihre Aufmerksamkeit für die verschiedenen Themen zu gewinnen und damit die Bereitschaft zur Mitarbeit sicherzustellen.

Sorgen Sie dafür, daß auch die „stillen Teilnehmer“ zu Wort kommen. Manche Mitarbeiter sind zu bequem oder zu ängstlich, um sich zu melden; sie verlassen dann die Besprechung unzufrieden und mit dem Hinweis, „überhaupt nicht zu Wort gekommen zu sein“. In solchen Fällen hilft das **Statement**. Zwingen Sie im Verlauf der Diskussion solche Mitarbeiter zu einer Stellungnahme, indem Sie in einer Rundumabfrage jeden Teilnehmer um ein kurzes Statement zu diesem Problem bitten. Selbst wenn sich der eine oder andere nur kurz äußert oder sich der Meinung eines Vorredners anschließt, ist dies besser, als wenn er ohne jeden Wortbeitrag die Besprechung verlassen würde.

Um sicherzustellen, daß die auf der Mitarbeiterbesprechung erzielten Ergebnisse auch umgesetzt werden, empfiehlt es sich, diese in einem **Kurzprotokoll in Form eines Maßnahmenplans** festzuhalten. Eine Kopie wird entweder jedem Teilnehmer sofort mitgegeben oder unmittelbar nach der Besprechung zugestellt.

Kurzprotokoll/Maßnahmenplan

Teilnehmer: ______________

____

Besprechung vom ______________ ______________

TOP	Beschluß/Ergebnis/Aktion	Wer	Mit wem	Termin	Kontrolle

Checkliste: **Durchführung einer Mitarbeiterbesprechung**

	Ja	Nein
• **Pünktlicher Beginn** (und pünktliches Ende)		
– Auf verspätete Teilnehmer wird nicht gewartet.	❑	❑
– Nachzügler brauchen über den bisherigen Verlauf nicht informiert zu werden.	❑	❑

Es gibt ein gutes Mittel, um die notorischen Zu-spät-Kommer zu erziehen. Geben Sie regelmäßig am Beginn der Besprechung (vor Eintritt in die Tagesordnung) ein paar interessante Informationen bekannt, die auch für die noch fehlenden Teilnehmer wichtig sind. Das bei den Betroffenen entstehende Informationsdefizit veranlaßt diese, künftig pünktlich zu erscheinen.

	Ja	Nein
• **Begrüßung**		
– Die Anrede muß dem Teilnehmerkreis entsprechen	❑	❑
– Auch bei Routinebesprechungen nicht auf die Begrüßung verzichten	❑	❑
– Gäste besonders begrüßen	❑	❑
– Noch nicht bekannte Teilnehmer (Gäste, neue Mitarbeiter) vorstellen	❑	❑
• Allgemeine Einführungsinformationen (Regularien, Entschuldigungen usw.)	❑	❑
• Darlegung des Themas (der Themen)		
– Besprechungsziel formulieren	❑	❑
– Teilnehmer zur Mitarbeit motivieren	❑	❑
– Weiteren Ablauf vorschlagen/vereinbaren	❑	❑
– Zeitrahmen (für den jeweiligen Besprechungspunkt) bekanntgeben	❑	❑

Schätzen Sie vorher etwa die für die einzelnen Tagesordnungspunkte benötigte Zeit. Durch eine Zeitvorgabe werden die Teilnehmer eher zu einer zügigen Behandlung veranlaßt.

– Ggf. klären, wer ein Protokoll führt	❑	❑
• Alle Teilnehmer zur Mitarbeit anregen		
– Eröffnungsfragen vorbereiten	❑	❑
– Grundsätzlich alle Teilnehmer ansprechen	❑	❑
– Auf Teilnehmer eingehen – Beiträge ernst nehmen	❑	❑
– Aktiv Zuhören (vgl. Seite 39)	❑	❑
– Mit Einwendungen korrekt umgehen (vgl. Seite 46)	❑	❑
• Alle zu Wort kommen lassen (z. B. durch Statements)	❑	❑
• Von Zeit zu Zeit Zwischenergebnisse zusammenfassen (damit erkennen die Mitarbeiter, daß schon etwas erreicht wurde)	❑	❑
• Beschlüsse herbeiführen	❑	❑
• Gesamtergebnis feststellen	❑	❑
• Gemeinsamkeiten betonen	❑	❑
• Ergebnisse sichern (Protokoll, Aktennotiz)	❑	❑
• Folgerungen ziehen (Aufgabenverteilung; Ausführungsregelungen)	❑	❑
• Dank für Kommen und Mitarbeit	❑	❑
• Verabschiedung	❑	❑

Lehrgespräch

Der rasche technologische Wandel sowie die Übernahme ständig neuer, häufig anspruchsvollerer Aufgaben verlangen nach einer laufenden Anpassung der Qualifikationen der Mitarbeiter. Die Vermittlung neuer Qualifikationen erfolgt entweder am (Training-on-the-job) oder außerhalb des Arbeitsplatzes (Training-off-the-job).

Bildungsmaßnahmen am Arbeitsplatz finden im direkten Zusammenwirken zwischen den Mitarbeitern und ihren Vorgesetzten ständig statt. Eine der wichtigsten arbeitsplatzgebundenen Methoden ist die bereits erwähnte Unterweisung. Immer häufiger sind die Führungskräfte aber auch in der Bildung außerhalb der Arbeitsplätze als Trainer eingesetzt. Dabei nimmt das Lehrgespräch eine dominierende Stellung ein. Wie bei der Unterweisung empfiehlt sich auch beim Lehrgespräch ein stufenweises Vorgehen.

Leitfaden für ein Lehrgespräch
Einleitungsphase – Teilnehmer motivieren und Gesprächsgrundlage schaffen • Thema nennen und abgrenzen • Gesprächsziel (Lernziel) nennen • Aktive Mitarbeit der Teilnehmer sicherstellen – An vorhandene Erfahrungen anknüpfen – Nutzen für die Teilnehmer herausstellen – Sonstiger attraktiver Einstieg • Zeitrahmen bekanntgeben • Behandlungsreihenfolge vereinbaren • Gemeinsame Ausgangsbasis sicherstellen
Diskussionsphase – durch Denkanstöße Gespräch zielwirksam vorwärts bringen • Sachproblem erörtern • Vergleiche herstellen (z. B. früher/heute, wir/andere, Kosten/Nutzen) • Bewertungen/Beurteilungen vornehmen (z. B. wirtschaftlich, sozial) • Beiträge hervorheben/gewichten • Folgerungen ziehen lassen • Teilnehmer durch Einsatz der Fragetechnik aktivieren – Offene Fragen (W-Fragen) einsetzen – Fragen möglichst an alle Teilnehmer richten

- Fragen aus dem Auditorium (wenn möglich) durch das Auditorium beantworten lassen
- Aktiv zuhören; Teilnehmer ausreden lassen
- Gespräche strukturieren
  - Gliederung herausarbeiten
  - Orientierungshilfen einbauen
- Zwischenergebnisse zusammenfassen (lassen)
- Zwischenergebnisse festhalten (visualisieren)
- Spielregeln beachten (Melden, Reihenfolge ...)

Abschlußphase – Lernerfolg verdeutlichen und sichern
- Ergebnis zusammenfassen (Fazit)
- Endergebnis sichern (Protokoll, Nacharbeit, Literaturhinweise)
- Persönliche Folgerungen ziehen lassen (Nutzen, künftige Anwendung ...)
- Motivation für künftige Lehrgespräche

3 Ziele vereinbaren

Nachdem wir das Ziel aus den Augen verloren hatten,
verdoppelten wir unsere Anstrengungen.
(Mark Twain)

Wenn Du nicht weißt, wohin Du willst,
ist jeder Weg, den Du einschlägst, der richtige.
(Aus dem Koran)

3.1 Führen mit Zielvereinbarungen

Die Aussage der beiden vorstehenden Zitate ist unumstritten: Ein an Zielen und Planungen orientiertes Handeln ist effektiver und führt schneller zum Ergebnis als ein Handeln „auf gut Glück". Nur wer weiß, wohin er will, kann zwischen den vielen möglichen Wegen den jeweils besten auswählen. Trotzdem wird diese Erkenntnis in der Praxis häufig vernachlässigt, denn das Planen und Vereinbaren von Zielen kostet zunächst einmal Zeit. Wer aber durch das Tagesgeschäft schon voll ausgelastet ist und Prioritäten setzen muß, tut dies oft zu Lasten des Planens.
Die Zielvereinbarung ist ein Instrument des Management-by-objectives. Sie trägt zur Verbesserung der Kommunikation bei, da die gegenseitigen Erwartungen zwischen dem Vorgesetzten und seinen Mitarbeitern klar definiert sind.

Durch eine Zielvereinbarung stimmt der Vorgesetzte mit seinem Mitarbeiter ab, welche operativen Ziele dieser im Rahmen seiner Tätigkeit erreichen soll.

Planung und Zielvereinbarung sind für die Zusammenarbeit zwischen Vorgesetzten und Mitarbeitern von besonderer Bedeutung. Wo zusammen gearbeitet wird, geht es auch um Erwartungen an den anderen. Zielvereinbarungen helfen, über diese Erwartungen zu sprechen und sie gegenseitig zu verstehen.

Beispiel:
Nur wenn der Vertriebsmitarbeiter weiß, daß sein Vorgesetzter von ihm neben der Betreuung der Altkunden auch die Akquisition von Neukunden erwartet, wird er dies tun und daher zur Zufriedenheit seines Vorgesetzten handeln. Im Gegenzug muß der Vorgesetzte wissen, daß sein Vertriebsmitarbeiter von ihm regelmäßige Coachinggespräche wünscht. Wenn er dies weiß, wird er es tun und in den Augen seines Mitarbeiters ein guter Vorgesetzter sein.

Vor dem Hintergrund dieses Beispiels wird auch deutlich, warum Ziele vereinbart und nicht vorgegeben werden sollen. Je qualifizierter der Mitarbeiter ist, um so mehr sollte er am Zielvereinbarungsprozeß beteiligt werden. Seine Meinung, seine Marktkenntnis oder seine Erfahrungen in der jeweiligen Tätigkeit tragen dazu bei, die richtigen Ziele zu finden. Außerdem kann der Vorgesetzte in der Komplexität heutiger Arbeitswelten die Aufgabengebiete seiner Mitarbeiter häufig nicht mehr in allen Einzelheiten überblicken. Unterläßt er die Einbindung in den Zielfindungsprozeß, wird dies den Mitarbeiter demotivieren, d. h. er wird sich nicht mit dem gewünschten Engagement für die Erreichung des Zieles einsetzen.

Der Experte rät: ***Die Zeit, die Sie sich nehmen, um mit Ihren Mitarbeitern Ziele zu vereinbaren, ist keine „bürokratische Übung“ oder vertane Zeit. Diese Zeit ist gut investiert, denn nur wer die Richtung kennt, kann sein Handeln darauf ausrichten.***

Wer klare Ziele hat, wird alle zur Verfügung stehende Energie und Kraft zielgerichtet und damit effizient einsetzen. **In der Hektik des Tagesgeschäftes helfen Ziele, Prioritäten zu setzen**. Nutzlose Aktivitäten werden vermieden.

Ziele sind darüber hinaus der Maßstab, mit dem Sie die Leistungen Ihrer Mitarbeiter messen können. Wenn der Mitarbeiter weiß, was von ihm erwartet wird und mit welchem Maßstab seine Leistung gemessen wird, dann kann er sich und seine Leistung bereits eigenständig einschätzen und kontinuierlich verbessern. Durch diese Transparenz und Operationalisierung von Leistungen werden diese gesteigert.

Letztlich haben Ziele eine Orientierungsfunktion. Sie vermitteln dem Mitarbeiter, in welcher Weise er mit der Erreichung seiner Ziele an dem Unternehmenserfolg mitarbeitet.

Zielvereinbarungen gehören somit neben der Mitarbeiterbeurteilung und dem Mitarbeitergespräch zum unerläßlichen Instrumentarium einer erfolgreichen Führungskraft.

▶ Zielvereinbarungen gehen weiter als Anweisungen und Aufträge

Echte Zielvereinbarungen beschreiben einen gewünschten Endzustand. Der Weg, um diesen zu erreichen, ist dabei offen. Erst dadurch entsteht der Handlungsspielraum und damit die Herausforderung, die insbesondere qualifizierte Mitarbeiter suchen.

Gelegentlich stehen in Zielvereinbarungen Formulierungen wie z. B. „Quartalsweise Erstellung der Statistik ... für die Geschäftsleitung“. Solche Formulierungen sind keine Zielvereinbarungen, sondern reine Tätigkeitsbeschreibungen.

Um Zielvereinbarungen korrekt zu formulieren, ist die Unterscheidung zwischen einer Anweisung, einem Auftrag und echter Delegation hilfreich. **Nur bei der Delegation führt der Vorgesetzte seine Mitarbeiter mittels Zielvereinbarung**. Die beiden anderen Instrumente heißen Anweisung und Auftrag und sind Instrumente zur Zielerreichung.

Bei der **Anweisung** legt der Vorgesetzte das Ziel und den Weg dorthin fest. Der Mitarbeiter hat nur wenig Möglichkeiten, seine Arbeit selbst zu gestalten. Um mit Anweisungen zu führen, muß der Vorgesetzte das Aufgabengebiet des Mitarbeiters sehr gut kennen. Nur so kann er einschätzen, ob das Ziel auf dem von ihm vorgegebenen Weg auch erreicht werden kann. Aufgrund der zunehmenden Komplexität von Arbeits- und Aufgabenbereichen kann ein Vorgesetzter dies heute kaum noch leisten, insbesondere mit Blick auf die vielen Spezialaufgaben, die von den Mitarbeitern erbracht werden. Dies trifft um so mehr zu, je größer die Anzahl der einem Vorgesetzten zugeordneten Mitarbeiter ist. Führung durch Anweisung sollte daher immer die Ausnahme sein; sie ist nur sinnvoll, wenn der Reifegrad (vgl. unten, Seite 105) des Mitarbeiters sehr gering ist.

Beispiel:

Der Vorgesetzte bittet seine Sekretärin, um 19.00 Uhr im Restaurant „Zum Anker“ einen Tisch für sieben Personen zu bestellen.

Beim **Auftrag** sind lediglich die Ziele vorgegeben, über den Weg dorthin entscheidet der Mitarbeiter selbst. So nutzt der Vorgesetzte die Sach- und Fachkenntnis des Mitarbeiters, bleibt selbst Koordinator, der das Gesamtziel im Auge behält. Führung durch Auftrag ermöglicht dem Mitarbeiter einen größeren Gestaltungsspielraum als bei der Anweisung. In kooperativ geführten Unternehmen wird sehr häufig mit Aufträgen geführt; allerdings wird diese Führung häufig mit der Delegation verwechselt.

Beispiel:

Der Vorgesetzte überträgt seinem Mitarbeiter die Aufgabe, mit der Werbeagentur „Future“ eine Anzeigenkonzeption auszuarbeiten und diese beim Quartalstreffen der Geschäftsleitung zu präsentieren.

Bei der **Delegation** werden dem Mitarbeiter mit dem Auftrag gleichzeitig die dazugehörigen Befugnisse und Verantwortlichkeiten übertragen Erst durch diese beiden Komponenten wird aus dem Auftrag eine echte Delegation. Eine korrekte Zielvereinbarung beinhaltet immer das Delegationsprinzip.

Beispiel:

- *Vorgesetzte vereinbart mit seinem Mitarbeiter, daß dieser zukünftig die Leitung der Kantine einschließlich Budgetverantwortung übernimmt.*

- *Vorgesetzter und Mitarbeiter vereinbaren, daß die Kosten je Arbeitsplatz bis 6/2002 bei gleichbleibender Leistung um mindestens 10 % gesenkt werden.*

Vorteile des Führens durch Zielvereinbarungen

Das Führen durch Zielvereinbarung bringt für alle Beteiligten – Unternehmen als Ganzes, Führungskräfte und Mitarbeiter – zahlreiche Vorteile mit sich.

Vorteile für das Unternehmen:

- Zwang zur Entwicklung einer strategischen Unternehmensplanung (strategische Ziele), die von allen getragen wird;
- größere Sicherheit hinsichtlich künftiger Entwicklungen;
- Engpässe werden rechtzeitig (frühzeitig) erkannt;
- gezielte Auswahl der notwendigen Mittel zur Erreichung der Unternehmensziele;
- Aufbau einer einheitlichen Führungskultur (wenn sich alle Führungskräfte mit dem Konzept identifizieren);
- Freisetzung kreativer Kräfte durch Beteiligung der Mitarbeiter am Zielfindungsprozeß;
- Konzentration auf Aufgaben mit hoher Priorität.

Vorteile für die Führungskräfte:

- Klarheit über die (vorrangigen) Unternehmensziele;
- Einsicht in die Zusammenhänge von Unternehmens-, Bereichs- und Abteilungszielen;
- bessere Abstimmung mit anderen Bereichen;
- Verhinderung eines (schädlichen) Übermaßes an Improvisation;
- Einschränkung von improvisationsbedingten Reibungsverlusten;
- mehr Verantwortung durch Beteiligung an unternehmerischen Grundsatzentscheidungen;
- Befreiung von Routineaufgaben durch Delegation auf nachfolgende Einheiten (Mitarbeiter);
- die „Kontrolle" reduziert sich auf eine Überprüfung der Zielerreichung und Abweichungsanalysen;
- Maßstab für eine objektive Kontrolle der Leistungen der Mitarbeiter anhand der Zielvorgaben;
- sachliche Lösung von Konflikten durch Orientierung an gemeinsam übergeordneten Zielen.

Vorteile für die Mitarbeiter:

- Kenntnis (und Verständnis) der Unternehmensziele;
- Einsatz des vorhandenen kreativen Potentials bei der Zielvereinbarung;

- größere Zufriedenheit und höhere Motivation durch Beteiligung am Zielfindungsprozeß;
- Aufwertung des Mitarbeiters, dadurch mehr Verantwortung und Verantwortungsbereitschaft;
- durch Mitwirkung bei der Zielvereinbarung geringere Gefahr der Überforderung;
- Maßstab zur Einschätzung der eigenen Leistungsfähigkeit;
- Kontrollen auf dem Weg zum Ziel können eigenverantwortlich durchgeführt werden;
- weniger improvisationsbedingte Reibungsverluste;
- größerer Freiheitsgrad bei der Aufgabendurchführung; unabhängige Organisation (Zeit, Mittel) der eigenen Aufgaben;
- Erfolgserlebnisse, wenn die Ziele erreicht werden.

Bei so vielen Vorteilen dürfen einige mögliche Schwierigkeiten nicht verschwiegen werden. Als ein Vorteil auf Mitarbeiterseite wurden mögliche Erfolgserlebnisse beim Erreichen der vereinbarten Ziele genannt. Dem steht die Gefahr des Mißerfolgs gegenüber. Das kann dazu führen, daß manche Mitarbeiter sich überhaupt gegen eine Festlegung von Zielen wehren. Hier liegt es an den Führungskräften, solche Bedenken auszuräumen und die Mitarbeiter in Gesprächen von den Vorteilen der Zielvereinbarung zu überzeugen. Außerdem muß bei den Vorgesetzten die Bereitschaft vorhanden sein, rechtzeitig geänderte Ziele zu vereinbaren, wenn die Gründe für das Nicht-Erreichen vereinbarter Ziele außerhalb der Verantwortung des Mitarbeiters liegen.

Zielvereinbarungen sorgen für mehr Transparenz, wodurch Schwachstellen bei der bisherigen Aufgabendurchführung aufgedeckt werden. Liebgewonnene Tabus (Lieblingsaufgaben, eine uneffiziente Methode, bestimmte Gewohnheiten, zurückgehaltene Informationen u. a. m.) müssen aufgegeben werden. Außerdem führt jede Umstellung zunächst zu einer vorübergehenden Verunsicherung. Auch hier liegt es an den Führungskräften, durch rechtzeitige Aufklärung solche Bedenken auszuräumen.

3.2 Ausgangspunkt sind die Unternehmensziele

Im Rahmen der Unternehmensführung werden auf allen Ebenen Ziele gebildet. Demgemäß beginnt der Prozeß der Zielfindung bei der Unternehmensleitung. Führungskräfte, die mit Zielvereinbarungen arbeiten, sollten zunächst wissen, welche Ziele vom Unternehmen insgesamt verfolgt werden. Darüber müssen sie auch ihre Mitarbeiter informieren. Dabei geht es nicht um die in den Unternehmen vielfach anzutreffenden Hochglanzbroschüren, deren Aussagen sich im Arbeitsalltag kaum wiederfinden lassen. Diese werden von den Mitarbeitern in aller Regel auch als hochtrabend und praxisfern abgelehnt.

Vielmehr geht es darum, den Mitarbeitern in ehrlicher Form zu vermitteln,
- wofür sie arbeiten (Selektionsfunktion),
- welchen Weg das Unternehmen einschlägt (Orientierungsfunktion),
- warum sie sich engagieren und einsetzen sollen (Motivationsfunktion),
- woran sie gemessen werden (Kontrollfunktion).

Beispiel:
Die Dental AG will im Bereich von Zahnarztstühlen innerhalb von drei Jahren deutscher Marktführer sein.

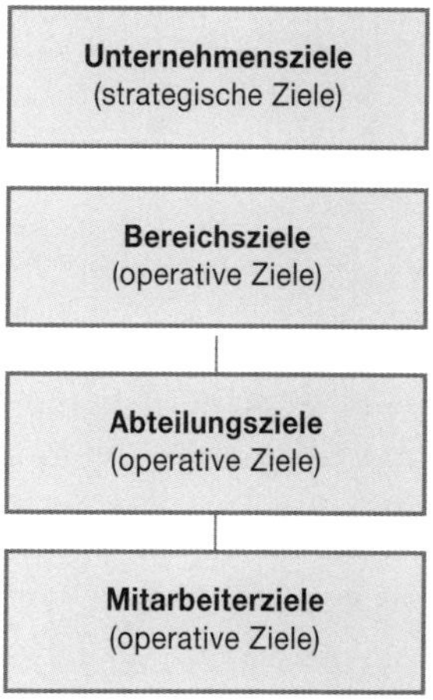

An den übergeordneten Unternehmenszielen (Visionen und Strategien) orientieren sich die Ziele der einzelnen Mitarbeiter. Sie entstehen,
- weil man zukünftige Entwicklungen vorhersieht und darauf reagieren will,
- weil Probleme identifiziert worden sind und gelöst werden müssen oder
- durch die kritische Überprüfung bereits bestehender Ziele.

In diesem Kontext agieren die Führungskräfte als eine Art Übersetzer, d. h. aus den übergeordneten (strategischen) Unternehmenszielen werden die operativen Ziele für die verschiedenen Bereiche und Abteilungen abgeleitet und daraus wiederum die individuellen Ziele der einzelnen Mitarbeiter. Es ist Aufgabe des Vorgesetzten, den Zusammenhang zwischen den Unternehmens- und Ressortzielen und den Zielen des einzelnen Mitarbeiters aufzuzeigen. Nur wenn der Mitarbeiter weiß, wofür er arbeitet, wird er sich engagieren.

Beispiel:

In fast allen Unternehmensleitlinien steht heute das Ziel, die Kundenzufriedenheit zu steigern. Nur wenige Mitarbeiter werden in der Lage sein, dieses globale Ziel in operative Ziele für ihre eigene Arbeit umzusetzen.

Dies ist die Aufgabe des Vorgesetzten. Im Gespräch mit dem einzelnen Mitarbeiter könnte er verdeutlichen und vereinbaren, daß
- *jeder Kunde mindestens einmal pro Monat besucht wird,*
- *jede Kundenanfrage innerhalb von einer Woche beantwortet wird,*
- *die Fehlerrate um ... % reduziert wird,*
- *die Erreichbarkeit für die Kunden auf 7.00–22.00 Uhr ausgeweitet wird.*

Berücksichtigen Sie unbedingt, daß Mitarbeiter sich nur dann wirklich engagieren, wenn sie wissen, wofür sie dies tun.

3.3 Arten von Zielen

Quantitative und qualitative Ziele

In den Vertriebsabteilungen sind Zielvereinbarungen schon seit längerem nichts Besonderes mehr. Das liegt sicherlich daran, daß die Steigerung von Umsatz und Rentabilität immer zu den Zielen eines Unternehmens zählt. Außerdem ist diese Zielvorgabe relativ einfach aufzustellen und zu kontrollieren.

Wer an Zielvereinbarungen denkt, denkt damit relativ schnell an die **quantitativen Ziele**.

Beispiel:
- *Steigerung des Umsatzes um 5 % innerhalb der nächsten zwölf Monate.*
- *Einhaltung eines bestimmten Budgets.*

Schwieriger wird es mit allen Zielen, die sich nicht unmittelbar an Zahlen orientieren, die sogenannten **qualitativen Ziele**. Sie müssen durch Ersatzmaßstäbe quantifizierbar gemacht werden.

Beispiel:
- *Das Ziel „Steigerung der Kundenzufriedenheit" aus dem oben stehenden Beispiel wurde durch die Maßstäbe Anzahl der Kundenbesuche, Bearbeitungsfrist für Kundenanfragen usw. konkretisiert.*
- *Das Führungskonzept „Zielvereinbarungen" ist bis spätestens 6/2002 eingeführt (zeitlicher Maßstab).*

Standardziele, Problemlösungsziele und Innovationsziele

Nach dem Inhalt der angestrebten Ergebnisse können bei den Sachzielen folgende Zielkategorien unterschieden werden:

Standard- oder Routineziele legen die Ergebnisse der regelmäßigen

Aufgabenerfüllung fest. Sie wiederholen sich in jedem Zielvereinbarungszyklus. Sie werden unterteilt in

- Standardziele bei den zu erreichenden quantitativen und qualitativen Arbeitsergebnissen und
- Standardziele bezüglich des Verhaltens, z. B. Regeln im Umgang miteinander, Konfliktverhalten, Betriebsklima.

Der Experte rät: ***Achten Sie bei der regelmäßigen Zielvereinbarung darauf, daß Sie als eines der Ziele die Erfüllung der operativen Aufgaben des Tagesgeschäfts mit ausreichendem Gewicht berücksichtigen.***

Ein **Problemlösungsziel** legt das Ergebnis eines Problemlösungsprozesses fest. Ein Problem ist eine Abweichung vom Normalfall. Etwas ist nicht so, wie es ein soll; Ziel ist die Beseitigung des Problems.

Beispiel:

- *Eine hohe Ausschußquote in einer bestimmten Produktionslinie kann das Problem sein. Das Problemlösungsziel könnte hier lauten: Senkung der Ausschußquote von derzeit 7 % auf höchstens 5 % bis spätestens 6/2002.*
- *Andere Ansatzpunkte für Problemlösungsziele könnten der Abbau von Reklamationen, die Erhöhung der Kundenzufriedenheit oder die Senkung des Krankenstandes sein.*

Innovative (kreative) Ziele beziehen sich auf die Ergebnisse von neuen Vorhaben, die aus dem Rahmen des bisherigen Erfahrungsbereichs fallen. Sie sollen den Mitarbeiter veranlassen, selbst kreativ zu denken und zu handeln. Wegen ihres hohen Anspruchniveaus erfordern sie besondere Anstrengungen und außergewöhnliche Aktivitäten.

Beispiel:

- *Einführung des Konzepts „Führen durch Zielvereinbarungen" bis 12/2002*
- *Entwicklung eines Projektplans zur Einführung von SAP HR bis 4/2002*

Persönliche Entwicklungsziele

Bei den bisher genannten Zielarten handelt es sich um Ziele des Unternehmens. Daneben verfolgt jeder, der in der Organisation mitarbeitet, auch persönliche Ziele. So kann es den Mitarbeitern darum gehen,

- interessante und innovative Aufgaben zu übernehmen, um sich weiterzuentwickeln,
- die Arbeit so zu verrichten, daß auf die eigene Gesundheit Rücksicht genommen werden kann,
- sich fachlich auf dem laufenden zu halten oder
- mehr Geld zu verdienen.

Hinzu kommen die Ziele, die Sie als Führungskraft selbst verfolgen. Die möglicherweise ganz unterschiedlichen Interessen müssen bei der Zielvereinbarung derart in Einklang gebracht werden, daß jeder etwas davon hat. Es darf nicht vorkommen, daß einer der Beteiligten als Verlierer aus dem Zielvereinbarungsprozeß hervorgeht, während die anderen nur gewonnen haben. Diese Interessensabwägung macht Kompromisse unerläßlich.

Beispiel:

Ein Unternehmer entscheidet sich, die Mitarbeiter stärker zu qualifizieren. Das Ziel des Mitarbeiters im Lager ist jedoch, mehr Geld zu verdienen. Ein Kompromiß könnte wie folgt lauten:

- *Der Lagermitarbeiter erwirbt die Qualifikation, um zum eigenen Aufgabenbereich noch ein oder zwei Aufgabenkomplexe von Kollegen übernehmen zu können.*
- *Pro zusätzlichem Aufgabenbereich, in dem er eingesetzt werden kann, erhält er eine Sonderzulage.*

Auf diese Weise kann der Mitarbeiter ein höheres Gehalt realisieren und das Unternehmen erhält eine höhere Flexibilität bei der Besetzung der Arbeitsplätze in Notsituationen.

Oftmals beschweren sich Mitarbeiter, daß sie nur für die Ziele des Vorgesetzten arbeiten sollen, damit dieser seine Erfolgsprämie ausbezahlt bekommt, ein höheres Gehalt erhält oder sogar befördert wird. In solchen Situationen steht häufig der kurzfristige Erfolg im Vordergrund und eine langfristige, an den Zielen des Unternehmens ausgerichtete Entwicklung findet nicht statt.

Der Experte rät: ***Achten Sie darauf, daß es nicht zu Konflikten kommt zwischen den Zielen des Unternehmens, Ihren eigenen Entwicklungszielen und den persönlichen Zielen des Mitarbeiters. Dem Mitarbeiter werden die Unternehmensziele immer wichtiger sein als die Ziele, die Sie als Vorgesetzter persönlich verfolgen.***

Mitarbeiter haben ein sehr gutes Gespür dafür, ob sie für die Ziele des Unternehmens arbeiten oder vom Vorgesetzten nur für dessen persönliche Zwecke eingesetzt werden. Wenn Sie das Gefühl haben, Ihre Mitarbeiter denken in dieser Weise, dann sprechen Sie dies offen an und räumen Sie das Mißverständnis aus der Welt.

Bei den persönlichen Entwicklungszielen kann (ähnlich wie bei den Sachzielen) nochmals nach der Ausgangssituation unterschieden werden.

Erhaltensziele beziehen sich auf Mitarbeiter, die eine ordentliche Leistung im Unternehmen erbringen. Obwohl es sich dabei nicht um eine besondere (herausragende) Leistung handelt, ist diese Leistung für das

Unternehmen wichtig, da sie seine Basis sichert. Gemeint ist ein Spezialwissen, viel Erfahrung oder die Kenntnis über langjährige Entwicklungen im Unternehmen. Auch wenn diese Mitarbeiter keinen weiteren Schritt mehr auf der „Karriereleiter" tun werden, gilt es, sie unbedingt zu halten und zu motivieren. „Machen Sie so weiter, wie gehabt", reicht dazu nicht aus. Sprechen Sie mit diesen Mitarbeitern darüber, was sie heute gut machen und was sie tun können, um dieses auch noch in der Zukunft gut zu machen. So erhalten Sie auch für diese Mitarbeiter motivierende Ziele. Mit Erhaltenszielen tragen Sie dazu bei, daß die Qualifikationen Ihrer Mitarbeiter nicht veralten.

Beispiel:
Hat eine Sekretärin den Wechsel von der Schreibmaschine auf den Computer lernen müssen, so wird sie zukünftig auch mit dem Internet umgehen müssen. Vor dem Hintergrund der Qualifikationserhaltung sind Erhaltensziele von besonderer Bedeutung.

Veränderungsziele müssen Sie mit Ihren Mitarbeitern immer dann vereinbaren, wenn etwas nicht gut läuft. Sagen Sie nicht nur, daß die Leistung verbessert werden muß. Legen Sie konkret fest, wie Sie sich die Leistungsverbesserung vorstellen. Analysieren Sie gemeinsam mit dem Mitarbeiter, woher die Fehler kommen und suchen Sie nach Lösungsmöglichkeiten.

Beispiele:
- *Lampenfieber in einer Präsentation,*
- *kein Abschluß beim Verkaufsgespräch,*
- *viele Fehler in der Korrespondenz.*

Auch bei der persönlichen Entwicklung kann es zu Innovationen kommen. **Innovationsziele** beinhalten, daß Mitarbeiter etwas tun sollen, was sie bisher noch nicht getan haben. Innovationsziele verursachen viel Arbeit und erfordern oftmals Änderungen von Gewohnheiten. Pro Zielvereinbarungszyklus sollte daher nicht mehr als ein Innovationsziel vereinbart werden, damit sich der Mitarbeiter voll auf dessen Erreichung konzentrieren kann.

Beispiele:
- *Übernahme von Mitarbeiterverantwortung,*
- *Führen von Bewerbergesprächen.*

3.4 Mitarbeitertypen und Reifegrad

Wenn es um die Motivation zur Leistungserbringung geht, können grundsätzlich zwei Extreme unterschieden werden:

- die Hoffnung (und Überzeugung) auf das Erreichen des Zieles und den damit verbundenen Erfolg und
- die Furcht vor dem Nichterreichen und dem damit verbundenen Mißerfolg.

Je nach Persönlichkeit orientieren sich Menschen an einem dieser beiden Pole.

Diejenigen, die sich eher am Erfolg orientieren, verfügen über genügend Selbstvertrauen und schätzen ihre eigenen Fähigkeiten sehr realistisch ein. Sie setzen sich i. d. R. herausfordernde, aber realistische Ziele. Um diese zu erreichen, müssen sie sich anstrengen, unvorhergesehene Situationen meistern, neue Wege einschlagen, Entscheidungen treffen. Wer sich realistische Ziele gesetzt hat, wird diese auch erreichen und somit Erfolg haben. Weil es sich um herausfordernde Ziele handelt, haben diese Mitarbeiter bei der Zielerreichung viel hinzugelernt. Beides zusammen bestätigt sie und verstärkt das Selbstvertrauen. Selbst einzelne Rückschläge werden mit diesem Selbstvertrauen positiv als Erfahrung „verbucht“. So entsteht insgesamt ein positiver Regelkreis.

Der Experte rät: ***Achten Sie bei erfolgsorientierten, aber noch unerfahrenen Mitarbeitern darauf, daß sie sich nicht überschätzen. Mehrere zu hoch gesteckte Ziele, beispielsweise zu Beginn der Berufstätigkeit, können zu Resignation führen und aus erfolgsorientierten Menschen mißerfolgsvermeidende Mitarbeiter machen.***

Menschen mit einer negativen Grundeinstellung achten eher darauf, Mißerfolge zu vermeiden. Für diese Art von Mitarbeitern müssen Sie sich mehr Zeit nehmen. Vereinbaren Sie zunächst nur einfache Ziele und passen Sie diese nur in kleinen Schritten einem höheren Niveau an. Helfen Sie solchen Mitarbeitern bei der Zielerreichung. Nach einiger Zeit und ersten kleinen Erfolgserlebnissen werden auch diese Mitarbeiter erste Zuversicht in ihr Können finden und sich zunehmend höhere Ziele setzen.

Nicht jeder Mitarbeiter ist für die Führung durch Zielvereinbarung geeignet. Eine wichtige Voraussetzung ist der notwendige **Reifegrad** des Mitarbeiters. Dieser zunächst etwas theoretisch klingende Begriff wird deutlich am Modell der situativen Führung nach Hersey & Blanchard. Dieses Modell betrachtet einerseits den Reifegrad eines Mitarbeiters, andererseits die Aufgaben- und Mitarbeiterorientierung des Vorgesetzten.

Die Grundidee des Modells besagt, daß es in bezug auf einen Mitarbeiter nicht einen einzigen, richtigen Führungsstil gibt. Da der Reifegrad eines Mitarbeiters je nach Aufgabenstellung variieren kann, muß auch der Vorgesetzte seinen Führungsstil in entsprechender Weise anpassen.

Beispiel:

Ein Mitarbeiter ist bereits „sehr reif“ bei der Durchführung von Kundenbesuchen. In der Durchführung von Präsentationen ist er jedoch noch sehr ungeübt und daher eher „unreif“.

Je reifer ein Mitarbeiter in der jeweiligen Situation ist, desto geringer sollte die Aufgabenorientierung des Vorgesetzten sein (Erläuterung und Anleitung, wie die jeweilige Aufgabe zu erfüllen ist; Kontrolle von Zwischenergebnissen). Vielmehr sollte der Schwerpunkt auf der Mitarbeiterorientierung liegen, d. h. im Loben und Anerkennen von Leistungen und Ergebnissen im Sinne eines Feedbacks.

„Unreife“ Mitarbeiter werden kaum in der Lage sein, aus ihrem Arbeitsbereich und den übergeordneten Anforderungen gute Ziele abzuleiten. Eine solche Aufgabenstellung würde sie eher verunsichern. In dieser Situation werden Ziele oder Anforderungskriterien eher vorgegeben werden. Der Vorgesetzte hat dabei darauf zu achten, daß diese für den Mitarbeiter auch erreichbar sind. Durch Anleitung, Strukturierung und regelmäßige Kontrolle stellt der Vorgesetzte die Zielerreichung sicher. Alles andere würde zu Demotivation führen. Die Beratung und Hilfestellung durch den Vorgesetzten trägt dazu bei, das jeweilige Ziel zu erreichen und der Mitarbeiter gewinnt zunehmend an Reife, die nächsten Ziele mit mehr Selbständigkeit zu bewältigen.

Bei sehr reifen Mitarbeitern übergibt der Vorgesetzte die Aufgabenstellung im Sinne einer echten Delegation, wie sie oben beschrieben worden ist. Der Mitarbeiter arbeitet die Aufgabenstellung selbständig ab und informiert den Vorgesetzten lediglich über die Zielerreichung. Beratung und Hilfestellung durch den Vorgesetzten würden den sehr reifen Mitarbeiter demotivieren, da dies in seinen Augen einer Bevormundung gleich käme.

Bei einem Mitarbeiter mit einem Reifegrad zwischen diesen beiden Extrempolen wird der Vorgesetzte diesen bei der Planung der Zielerreichung zunehmend einbeziehen, ihn Zwischenlösungen selbst erarbeiten lassen, diese regelmäßig mit ihm durchsprechen. So erreicht der Mitarbeiter das Ziel relativ selbständig, wird von seinem Vorgesetzten dabei jedoch unterstützt.

Der Reifegrad eines Mitarbeiters in bezug auf eine bestimmte Aufgabenstellung ist nicht statisch. Im Zeitablauf erwirbt er Wissen und Erfahrung hinzu und wird zunehmend reifer. Diese Entwicklung muß der Vorgesetzte berücksichtigen und unterstützen.

3.5 Kriterien für eine Zielvereinbarung

Die Formulierung von Zielvereinbarungen ist nicht einfach. Oft handelt es sich in der Praxis um reine Tätigkeitsbeschreibungen, wie sie bereits in Stellenbeschreibungen enthalten sind. **Bei der Vereinbarung von Zielen geht es aber nicht in erster Linie darum, was ein Mitarbeiter zu tun hat, sondern welches Ergebnis er erreichen soll.** Demnach geben Ziele an, was am Ende einer vereinbarten Zeitspanne erreicht sein soll. Sie sind also eindeutig definierte Endpunkte einer gewollten und planbaren Entwicklung.

Checkliste: **Anforderungen an Zielvereinbarungen**

- Ziele müssen bedeutungsvoll und herausfordernd, aber erreichbar und realistisch sein
- Ziele müssen präzise formuliert sein
- Ziele müssen meßbar sein
- Ziele müssen widerspruchsfrei sein
- Ziele müssen sich auf das Wesentliche konzentrieren
- Zielvereinbarungen verlangen nach Konstanz
- Bindung der Mitarbeiter an die vereinbarten Ziele
- Der Geltungsbereich vereinbarter Ziele muß klar abgegrenzt sein
- Durch Zwischenziele wird die Zielerreichung erleichtert
- Die schriftliche Vereinbarung fördert die Zielverbindlichkeit
- Die Zielerreichung sollte von anderen Bereichen weitgehend unabhängig sein
- Bei Arbeitsgruppen können Teamziele vereinbart werden

Gut formulierte Zielvereinbarungen beschreiben einen zu einem bestimmten Zeitpunkt zu erreichenden Endzustand, der dem Mitarbeiter ausreichend Gestaltungsspielraum auf dem Weg dorthin einräumt.

Über diese grundsätzlichen Anforderungen an eine Zielvereinbarung hinaus sind weitere Kriterien zu beachten.

■ Ziele müssen bedeutungsvoll und herausfordernd, aber erreichbar sein

Zielvereinbarungen sollen dazu beitragen, den Mitarbeiter und sein Aufgabengebiet im Sinne des Unternehmenszieles weiterzuentwickeln. Selbstverständlichkeiten, wie z. B. das pünktliche Erscheinen am Arbeitsplatz, gehören daher nicht in die Zielvereinbarung.

Wer sich nicht anstrengen muß, um das gesteckte Ziel zu erreichen, für den wird die Zielerreichung kein Erfolgserlebnis sein. Ein bißchen Anstrengung muß eine gute Zielvereinbarung also schon enthalten, um das Gefühl zu haben, etwas Besonderes geleistet, hinzugelernt und wertvolle neue Erfahrungen gesammelt zu haben.

Auf der anderen Seite darf die Meßlatte nicht so hoch angelegt sein, daß der Mitarbeiter von Beginn an zweifelt, diese überhaupt erreichen zu können. Weil ihm die Aufgabenstellung als zu schwierig erscheint, wird er sie immer vor sich herschieben oder sie nur halbherzig beginnen.

Es ist die Aufgabe des Vorgesetzten, den Mitarbeiter und seinen Reifegrad in bezug auf die konkrete Aufgabenstellung zu beurteilen und das richtige Maß zu finden.

Der Experte rät: ***Bleiben Sie realistisch; unterscheiden Sie zwischen dem, was wünschenswert ist und dem, was in einem angemessenen Zeitraum und mit angemessenem Aufwand erreicht werden kann.***

Planen Sie genügend Zeit ein. Ein Mitarbeiter, der mit seinen Routineaufgaben schon überlastet ist, hat keine Zeit, herausfordernde Ziele zu erreichen. Streichen Sie ggf. unwichtigere Routineaufgaben. Gewähren Sie Ihrem Mitarbeiter mehr als die zunächst veranschlagte Zeit, wenn unvorhergesehene Ereignisse dies notwendig machen und der Mitarbeiter dies auch sachlich begründen kann.

Überprüfen Sie die Ziele Ihrer Mitarbeiter regelmäßig auf **Aktualität** und **Erreichbarkeit**. Passen Sie die Ziele an, wenn diese nicht mehr gegeben sind.

Beispiel:
Ein Vertriebsmitarbeiter soll mit einem bestimmten Produkt einen Umsatz von zwei Millionen DM erzielen. Aufgrund von gravierenden Mängeln wird das Produkt vom Markt genommen. Der Vorgesetzte muß dann die Zielvorgabe ändern oder streichen.

Ziele müssen präzise formuliert sein

Formulieren Sie das erwartete Ziel eindeutig, vermeiden Sie ungenaue und schwammige Ausdrücke, wie z. B. „Versuchen Sie Ihr Bestes."

Vermeiden Sie auch Wörter wie sollte, könnte, müßte und formulieren Sie in der Gegenwartsform.

Beispiel:
- *Nach einer Einarbeitungszeit von drei Monaten bedient der Mitarbeiter das Zeiterfassungssystem eigenständig.*
- *Jeweils zu 95 % kann der Mitarbeiter ohne fremde Hilfe Anfragen von anderen Mitarbeitern beantworten bzw. Korrekturbuchungen durchführen.*
- *Die Fehlerquote liegt unter 5 %.*

Ziele müssen meßbar sein

Der Mitarbeiter muß zum einen genau wissen, was ein Ziel beinhaltet, und er muß sich zum anderen darüber bewußt sein, anhand welcher Kriterien die Zielerreichung gemessen wird. Nach Art des Zielinhalts können quantitative und qualitative Ziele unterschieden werden (vgl. Seite 100), die bis zu einem bestimmten Zeitpunkt erreicht werden müssen.

Quantitative Ziele können durch Kennzahlen und absolute Werte gemessen und bewertet werden.

Beispiel:
- *Die Fluktuationsquote sinkt auf maximal 5 % bis Ende 6/2002.*
- *Das Personalkostenbudget (Gehälter, Reise, Fortbildung) der Abteilung überschreitet im Planungszeitraum den genehmigten Betrag von x DM nicht.*

Etwas schwieriger ist die Formulierung qualitativer Ziele. Legen Sie hierfür beschreibende Kriterien fest, anhand derer Sie gemeinsam mit dem Mitarbeiter die Zielerreichung überprüfen. Maßstäbe für die Zielerreichung können beispielsweise sein:

- Qualität,
- Einhaltung von Terminen,
- Häufigkeit von Rücksprachen,
- Rückmeldungen von Kunden,
- beobachtbare Veränderungen, wie weit ein angestrebter Zustand erreicht ist.

Beispiel:

Für die Einarbeitung in das Erstellen, Interpretieren und Präsentieren von Statistiken könnten die beschreibenden Kriterien wie folgt lauten:

- *der Mitarbeiter beschafft sich eigenständig die notwendigen Daten und Fakten und bereitet diese auf,*
- *er bespricht seine Interpretation mit dem Vorgesetzten und stimmt diese mit ihm ab,*
- *danach bereitet er die Präsentation der wichtigsten Statistiken für die Geschäftsleitung vor.*

Der Experte rät: ***Ermöglichen Sie, daß der Mitarbeiter den Grad der Zielerreichung zu jeder Zeit auch selbst überprüfen kann. Stellen Sie ihm dafür die notwendigen Informationen in einer Form zur Verfügung, daß er eigenständig darauf zugreifen kann, ohne Sie fragen zu müssen. Durch diese Möglichkeit zur Selbstkontrolle entwickeln Sie ihn in seiner Reife.***

Ziele müssen widerspruchsfrei sein

Sobald alle Ziele für den Mitarbeiter feststehen, überprüfen Sie, ob diese zueinander in Widerspruch stehen. Wenn Sie diese Überprüfung unterlassen oder sogar einen entsprechenden Hinweis Ihres Mitarbeiters ignorieren („Sie werden das schon schaffen."), dann führt dies zu Demotivation.

Beispiel:

Der Verkäufer soll sich einerseits mehr Zeit in den Kundengesprächen nehmen, andererseits aber weitere Kunden zu seinem Kundenstamm hinzugewinnen.

Wenn es dagegen Widersprüche gibt und Sie keine Möglichkeit für eine Änderung haben, dann sprechen Sie dies offen mit dem Mitarbeiter an und vereinbaren Sie Prioritäten. So geben Sie ihm zumindest eine Orientierungshilfe.

Überprüfen Sie auch, ob die Ziele Ihres Bereiches nicht zu Lasten anderer Bereiche gehen.

Konzentrieren Sie Zielvereinbarungen auf das Wesentliche

Weniger ist mehr, dies gilt auch für Zielvereinbarungen. Wer zuviel auf einmal erreichen will, läuft Gefahr, gar nichts zu erreichen. Konzentrieren Sie sich auf das Wesentliche; bewährt haben sich drei bis fünf Ziele pro Zielvereinbarungszyklus.

Zielvereinbarungen verlangen Konstanz

Grundsätzlich sollen sich Ziele an einer mittel- bis langfristigen Unternehmensausrichtung orientieren. Überprüfen Sie die Ziele Ihrer Mitarbeiter dahingehend, daß sie logisch aufeinander aufbauen, miteinander verknüpft sind und mit der angestrebten Unternehmensentwicklung einher gehen. Diese Konstanz benötigt der Mitarbeiter als Orientierungshilfe; sie gewährt ihm außerdem die notwendige Zeit, Erfahrung und Routine zu erwerben, um das Ziel zu erreichen.

Wechseln Sie die Zielrichtungen nicht sprunghaft. Kein Mitarbeiter versteht, warum das Unternehmen beispielsweise heute auf Billigprodukte setzt und in sechs Monaten die Qualität steigern will. Mehrfache Wechsel dieser Art prägen beim Mitarbeiter die Einstellung, daß seine Anstrengungen sowieso zu nichts führen.

Dennoch kann in bestimmten Situationen auch einmal ein Wechsel erforderlich sein, z. B. als Reaktion auf neue Entwicklungen am Markt. Ein solcher Wechsel muß schnell erfolgen, damit die Mitarbeiter nicht noch monatelang an überholten Zielvorgaben arbeiten. Den Mitarbeitern müssen die Hintergründe für diesen Wechsel erklärt werden.

Bedenken Sie also: Die Zeiten sind zwar schnellebig, aber die Rahmenbedingungen ändern sich nicht von einem auf den anderen Tag. Menschen benötigen ein Mindestmaß an Orientierung.

■ Zielbindung

Ziele werden vereinbart, nicht vorgegeben. **Stellen Sie sicher, daß sich die Mitarbeiter den Zielen verpflichtet fühlen.** Beteiligen Sie die Mitarbeiter an der Zielfindung und -vereinbarung. Zielvereinbarungsgespräche dürfen keine Alibigespräche sein. Die Mitarbeiter kennen ihren Aufgabenbereich am besten und können daher wertvolle Informationen beitragen. Indem Sie Ihre Mitarbeiter über die übergeordneten Ziele informieren, können sie diese ebenfalls einbeziehen. Ziele, an denen man mitgearbeitet hat, motivieren stärker als solche, die gesetzt wurden. Berücksichtigen Sie bei der Einbindung der Mitarbeiter aber unbedingt deren Reifegrad. Je intensiver die Zielbindung, um so größer ist die Chance, daß die Mitarbeiter bei Schwierigkeiten und Problemen nicht sofort aufgeben.

■ Geltungsbereich

Legen Sie den Geltungsbereich der Ziele bzw. die Kompetenzen des Mitarbeiters eindeutig fest.

Beispiel:

Mit einem Mitarbeiter wird vereinbart, daß er als Projektleiter eingesetzt wird, wobei ihm ein Budget von DM 200.000 zur Verfügung steht, über das er eigenständig verfügen kann. Die Einhaltung des Budgets wird neben dem Projektergebnis als Maßstab für die Zielerreichung herangezogen.

- **Zwischenziele**

Vereinbaren Sie Zwischenziele, um die Zielerreichung im Auge zu behalten. Berücksichtigen Sie dabei wiederum den Reifegrad Ihrer Mitarbeiter. Unreife Mitarbeiter benötigen eine Reihe von Zwischenzielen, reife Mitarbeiter wenige bis gar keine.

- **Schriftlichkeit**

Halten Sie die Zielvereinbarungen schriftlich fest. Alles, was aufgeschrieben wird, ist besser durchdacht, als wenn es nur gedanklich abgehandelt wird. Schriftlichkeit fördert darüber hinaus die Verbindlichkeit, d. h., der Mitarbeiter wird sich der Zielerreichung stärker verbunden fühlen.

Letztlich dient Ihnen die schriftliche Zielvereinbarung als Arbeitsgrundlage für das Leistungsmanagement Ihres Mitarbeiters. Ein Formularbeispiel findet sich am Ende des Kapitels (vgl. Seite 118).

- **Unabhängigkeit**

Berücksichtigen Sie, daß der Mitarbeiter bei der Zielerreichung nicht zu sehr von anderen Mitarbeitern oder sogar von Ihnen selbst abhängen darf. Einerseits macht dies die Zielerreichung für ihn schwieriger und andererseits hat er schnell eine Entschuldigung, wenn ein Ziel nicht erreicht wurde.

Dieser Grundsatz gilt nicht für Führungskräfte. Denn zu ihrer Kernaufgabe gehört ja gerade, daß sie mit der Hilfe von anderen Menschen Ziele erreichen.

- **Teamziele**

Bei Arbeitsgruppen können auch Teamziele vereinbart werden, die von mehreren Mitarbeitern gemeinsam erreicht werden müssen. Teamziele fördern die Zusammenarbeit und erzeugen Verständnis für die Arbeit anderer Mitarbeiter.

3.6 Zielvereinbarungsgespräch und Kontrolle

Die endgültige Zielvereinbarung erfolgt im Rahmen eines Mitarbeitergesprächs. Dieses kann entweder nur die Vereinbarung von Zielen umfassen oder als Jahresmitarbeitergespräch auch die Beurteilung und weitere Förderung des Mitarbeiters einbeziehen. Leitfäden für beide Gesprächsanlässe wurden bereits im Kapitel „Mitarbeitergespräche“ vorgestellt (vgl. Seite 51–53 bzw. Seite 61–62). Auf das Zielvereinbarungsgespräch müssen sich der Vorgesetzte und der Mitarbeiter ausreichend vorbereiten.

Der Experte rät: ***Informieren Sie die jeweiligen Mitarbeiter rechtzeitig über den Gesprächstermin. Fordern Sie ihn auf, sich hinsichtlich der künftigen Ziele seines Verantwortungsbereichs Gedanken zu machen. Unterstützen Sie ggf. die Vorbereitung durch die nachfolgende Checkliste.***

In der folgenden Checkliste sind die wichtigsten Vorüberlegungen des Vorgesetzten und des Mitarbeiters für ein Zielvereinbarungsgespräch zusammengefaßt. Weitere Einzelheiten zur Vorbereitung von Mitarbeitergesprächen sind in Kapitel 2.4 dargestellt (vgl. Seite 21–28).

Checkliste: **Vorbereitung auf das Zielvereinbarungsgespräch**

Vorgesetzter
- Information über die mittelfristigen (strategischen) Ziele des Unternehmens
- künftige Ausrichtung des eigenen Bereichs/der eigenen Abteilung
- Einbettung des eigenen Bereichs in die Unternehmensstrategie
- aus den Bereichszielen abgeleitete Schwerpunktaufgaben des Mitarbeiters
- interne und abteilungsübergreifende Zusammenarbeit
- zu beachtende Rahmenbedingungen
- ggf. notwendige Qualifizierungsmaßnahmen

Mitarbeiter
- Welche Schwerpunktaufgaben in der Abteilung sieht der Mitarbeiter?
- Vorschläge zur künftigen Übernahme neuer oder anderer Aufgaben
- mittelfristige Ziele
- erforderliche Mittel zur Zielerreichung
- ggf. notwendige Qualifizierungsmaßnahmen
- persönliche Entwicklungsziele.

Das Arbeiten mit Zielvereinbarungen wird erst dann erfolgreich sein, wenn das Erreichen der Ziele auch überprüft wird. Je reifer der Mitarbeiter ist, um so weniger werden vom Vorgesetzten Zwischenergebnisse überprüft. Die Kontrolle besteht weitgehend aus Selbst- und Ergebniskontrolle. Dies bedeutet, daß reife Mitarbeiter den Fortschritt selbst kontrollieren und daß allein das Ergebnis vom Vorgesetzten kontrolliert wird.

Je unreifer ein Mitarbeiter ist, um so mehr Zwischenkontrollen sollte der Vorgesetzte durchführen, damit der Mitarbeiter nicht den falschen Weg einschlägt und die Zielerreichung dadurch schon an einem frühen Zeitpunkt scheitert. Die Kontrolle wird eher als Fremd- und Ablaufkontrolle erfolgen, also durch den Vorgesetzten, der sich die einzelnen Schritte des Mitarbeiters auf dem Weg zur Zielerreichung detailliert anschaut.

Der Experte rät: ***Führen Sie die Mitarbeiter mit zunehmender Reife schrittweise an mehr Selbst- und Ergebniskontrolle heran. Dies gehört zu Ihren Entwicklungsaufgaben.***

Berücksichtigen Sie, daß es den meisten Mitarbeitern nicht ausreicht, das Ziel erreicht zu haben. Sie benötigen auch die Anerkennung durch den Vorgesetzten, daß sie das Ziel erreicht haben. Ihr Lob ist an dieser Stelle besonders wichtig.

Wenn Ziele nicht erreicht wurden, dann prüfen Sie,
- warum die Ziele nicht erreicht worden sind,
- welche äußeren Faktoren die Zielerreichung verhindert haben,
- welche Faktoren in bezug auf Ihren Mitarbeiter die Zielerreichung verhindert haben,
- was hätte getan werden müssen,
- was jetzt noch getan werden kann (Ersatzziele, korrigierte Ziele, andere Terminierung).

3.7 Verknüpfung mit anderen Bereichen des Personalmanagements

In den Ausführungen zum Jahresmitarbeitergespräch (vgl. Seite 61–62) wurde bereits deutlich, daß wesentliche Bereiche der Personalführung miteinander zusammenhängen. Zielvereinbarungen bilden eine ideale Grundlage für die **Mitarbeiterbeurteilung**. Das Maß der Zielerreichung fließt als Bewertungskomponente in die Beurteilung ein. Soweit Leistungsdefizite vorliegen, können geeignete Bildungsmaßnahmen vereinbart werden. Die künftigen Maßnahmen der **Personalentwicklung** (Förderung) können auf die neu vereinbarten Ziele und Aufgaben abgestimmt werden. Schließlich kann auch die **Entgeltfindung** mit der Zielvereinbarung (und Beurteilung) gekoppelt werden, wenn der Grad der Zielerreichung als Grundlage für Leistungsprämien herangezogen wird.

3.8 Zielvereinbarungsprozeß

Den Ausgangspunkt aller Zielvereinbarungen bilden die (strategischen) Unternehmensziele, an denen sich alle nachfolgenden Ziele orientieren (vgl. Seite 98). Ein Teil der Führungskräfte wird an der Festlegung und Formulierung der Unternehmensziele beteiligt sein; alle anderen müssen sich darüber informieren. Der Vorgesetzte informiert seine Mitarbeiter über die strategischen Unternehmensziele. Gleichzeitig fordert er die Mitarbeiter auf, ihre Sichtweise der zu erreichenden Ziele zu formulieren. Er selbst formuliert ebenfalls seine Vorstellungen. Im Zielvereinbarungsgespräch wird zunächst die Zielerreichung (Aufgabenerfüllung) im abgelaufenen Zyklus besprochen und analysiert. Erkennen Sie die Erfolge des Mitarbeiters an und besprechen Sie Verbesserungsmöglichkeiten. Danach werden die sich aus der Diskussion ergebenden operativen Ziele endgültig vereinbart und schriftlich fixiert. Darüber hinaus werden Kontrollzeitpunkte festgelegt, um die Zielerreichung sicherzustellen, die Aktualität der Ziele zu überprüfen und ggf. anzupassen.

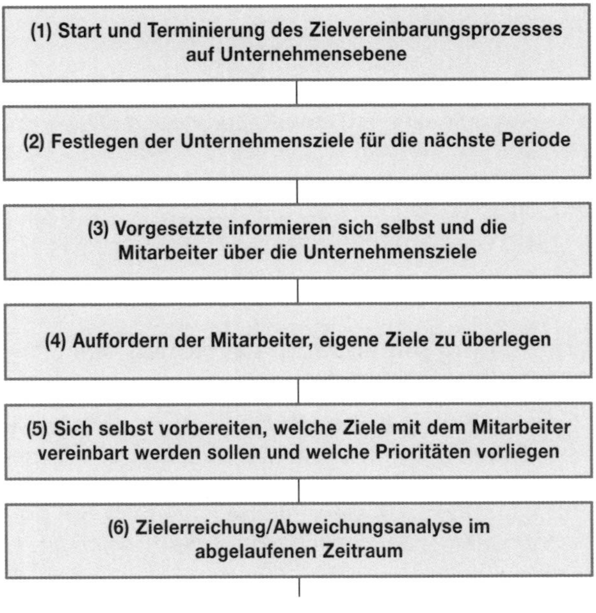

(7) Im Gespräch mit dem Mitarbeiter zunächst alle Ziele sammeln

(8) Unterschiedliche Sichtweisen identifizieren, nach Gründen suchen und Kompromisse vereinbaren

(9) Wichtigste Ziele vereinbaren und Prioritäten setzen

(10) Reife des Mitarbeiters berücksichtigen und Ziele entsprechend formulieren

(11) Beurteilungsmaßstab und Art der Kontrolle klären

(12) Rahmenbedingungen klären, damit die vereinbarten Ziele erreicht werden können

(13) Entscheidungsspielraum des Mitarbeiters klären

(14) Zielvereinbarung schriftlich fixieren

(15) Kontrolle (Soll-Ist-Vergleich) der Zielerreichung

3.9 Formularbeispiele

An anderer Stelle wurde bereits darauf hingewiesen, daß nur durch eine schriftliche Vereinbarung der Ziele die notwendige Verbindlichkeit erreicht wird (vgl. Seite 111). Nachfolgend finden Sie zwei Formularbeispiele zur Zielvereinbarung und zur Kontrolle der Zielerreichung. Das Formular Zielerreichung kann vom Mitarbeiter auch als Vorbereitungsblatt verwendet werden, wenn es ihm mit der Einladung zum Zielvereinbarungsgespräch zugesandt wird. Je nach Vereinbarung wird es zum Gespräch mitgebracht oder einige Tage vorher dem Vorgesetzten übergeben.

Zielvereinbarungen

Mitarbeiter.. Pers.-Nr.:...

Vorgesetzter:... Bereich:...

Periode: .... Gesprächsdatum: ....

Vereinbarte Ziele/Aufgabenschwerpunkte mit Maßnahmen zur Realisierung (nach Priorität geordnet):	Termin/Meßgröße:
(1)	
(2)	
(3)	
(4)	
(5)	
(6)	

....

(Vorgesetzter) (Mitarbeiter)

Zielerreichung/Aufgabenerfüllung

Mitarbeiter	Pers.-Nr.: ....
Vorgesetzter:	Bereich: ....
Periode:	Gesprächsdatum: ....

Ziele:	Grad der Zielerreichung	Erläuterung der Einflußfaktoren
(1)		
(2)		
(3)		
(4)		
(5)		
(6)		

Dieses Blatt ist vom Mitarbeiter ins Gespräch mitzubringen.

4 Mitarbeiter beurteilen

Menschen beurteilen einander in vielen Situationen. Bereits in der Schule werden Leistungen bewertet, ebenso beim Sport oder beim Einkauf im Supermarkt. In jedem Gespräch beurteilen wir täglich bewußt oder unbewußt das, was andere gesagt oder wie sie sich verhalten haben. Auch uns selbst beurteilen wir regelmäßig. Für jeden Vorgesetzten ist die Beurteilung der Fähigkeiten seiner Mitarbeiter, der erbrachten Arbeitsleistungen oder der Art und Weise, wie sich ein Mitarbeiter in die Betriebsgemeinschaft einfügt, eine **Daueraufgabe**.

4.1 Was bedeutet Mitarbeiterbeurteilung?

Die systematische Mitarbeiterbeurteilung ist ein formalisiertes und standardisiertes Verfahren, durch das die Vorgesetzten veranlaßt werden, ihre Mitarbeiter in regelmäßigen Zeitabständen unter Berücksichtigung bestimmter Kriterien zu beurteilen.

Richtig eingesetzt, wird die Mitarbeiterbeurteilung zur wichtigsten Informationsgrundlage für eine qualifizierte Analyse des vorhandenen Mitarbeiterpotentials. Sie liefert einen umfassenden Überblick über die fachlichen Kenntnisse und persönlichen Fähigkeiten des Mitarbeiters, um zu überprüfen, ob die Mitarbeiter den Anforderungen ihrer Arbeitsplätze entsprechen.

> **Wichtig:** Die Mitarbeiterbeurteilung stellt für den Vorgesetzten eine wichtige Orientierungshilfe bei der Mitarbeiterführung dar; für die Mitarbeiter kann sie Antrieb zur Motivation und Leistungssteigerung sein. Allerdings birgt sie auch Risiken. Fehlerhaft eingesetzt oder von den Mitarbeitern falsch verstanden, kann sie zu Frustration und Leistungsabbau führen und damit dem Unternehmen einen erheblichen Schaden zufügen.

Eine systematische Mitarbeiterbeurteilung führt an Stelle der subjektiven Einschätzung der Mitarbeiter durch ihre Vorgesetzten zu einer weitgehenden Objektivierung des Beurteilungsprozesses. Damit wird sie zu einer unerläßlichen Voraussetzung bei vielen personalpolitischen Maßnahmen.

► Dimensionen der Mitarbeiterbeurteilung

In der betrieblichen Praxis tritt die Mitarbeiterbeurteilung in drei unterschiedlichen Dimensionen auf.

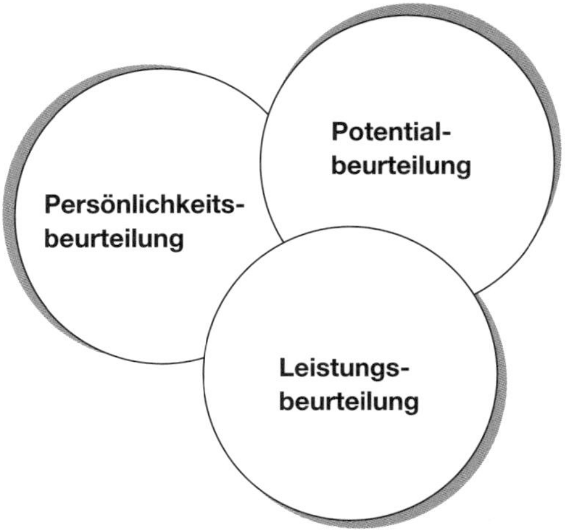

Abb.: Dimensionen der Beurteilung

Im Mittelpunkt der **Leistungsbeurteilung** steht **die in der Vergangenheit in einer bestimmten Periode erbrachte Leistung** eines Mitarbeiters (= Ist-Leistung). Dabei wird neben dem reinen Leistungsergebnis zusätzlich berücksichtigt, auf welche Art und Weise und mit welchem Verhalten dieses Ergebnis erreicht wurde. Diesen weiterführenden Aspekten liegt die Annahme zugrunde, daß sich das Verhalten eines Mitarbeiters nachhaltig auf das Leistungsergebnis auswirken kann. Voraussetzung für ein bestimmtes Leistungsverhalten und damit für das Leistungsergebnis eines Mitarbeiters sind seine Fähigkeit zur Leistung (Ausbildung, Erfahrung) und seine Bereitschaft zur Leistung (Prämiensystem als Leistungsanreiz).

Leistungsbeurteilungen werden in der Praxis häufig als Hilfsmittel einer „gerechten" Lohn- und Gehaltsfindung sowie zur Motivation und Förderung der Mitarbeiter eingesetzt.

Die **Potentialbeurteilung** richtet sich auf die **Eignung eines Mitarbeiters für zukünftige Aufgaben und die Möglichkeiten seiner individuellen beruflichen Weiterentwicklung.** Sie ist zukunftsorientiert, d. h. auf der Basis der in der Vergangenheit erbrachten Leistungen wird eine Prognose über zukünftige Leistungen und Verhaltensweisen erstellt.

Potentialbeurteilungen werden bei der innerbetrieblichen Besetzung vakanter Stellen, zur Nachwuchsplanung der Fach- und Führungskräfte, zur individuellen Laufbahnplanung sowie zur Bildungsbedarfsermittlung eingesetzt.

Zur Potentialermittlung werden in der betrieblichen Praxis am häufigsten folgende Kriterien herangezogen:	
• Auffassungsgabe • Belastbarkeit • Durchsetzungsvermögen • Initiative • Kooperationsfähigkeit	• Lernfähigkeit • Neigungen des Mitarbeiters • Selbständigkeit • Unternehmerisches Denken und Handeln • Urteilsfähigkeit

Der Experte rät: *Potential- und Leistungsbeurteilung werden in der Praxis häufig miteinander kombiniert. Dabei ist zu beachten, daß dauerhaft gute Leistungen in einem Arbeitsgebiet kein eindeutiges Indiz dafür sind, daß der Mitarbeiter sich für neue (andere) Aufgaben eignet. Achten Sie darauf, daß die Beurteiler bei der Vernetzung beider Systeme fähig sind, die Systeme gedanklich voneinander zu trennen.*

Die **Persönlichkeitsbeurteilung** stellt auf die Bewertung der Persönlichkeit eines Mitarbeiters ab. Diese Form der Beurteilung findet in der Praxis wenig Anwendung, da ein ursächlicher Zusammenhang zwischen der Persönlichkeit eines Mitarbeiters und seiner Leistungserfüllung nicht nachgewiesen ist. Zusätzlich erfordert die Persönlichkeitsbeurteilung ein hohes Maß an psychologischen Fachkenntnissen.

In der gegenwärtigen Beurteilungspraxis dominieren die Leistungs- und Potentialbeurteilung, entweder getrennt oder in Kombination miteinander. Beide Verfahren werden auch in den weiteren Ausführungen angesprochen.

Anstelle des Begriffs Mitarbeiterbeurteilung wird neuerdings auch häufig von Mitarbeitergespräch oder Entwicklungsgespräch gesprochen. Das hängt teilweise mit den negativen Assoziationen zusammen, die das Wort Beurteilung weckt; teilweise soll damit auch die zukunftsorientierte Bedeutung für die Mitarbeiter unterstrichen werden.

► Wozu werden Mitarbeiterbeurteilungen durchgeführt?

Die Mitarbeiterbeurteilung ist ein unerläßlicher Bestandteil einer fortschrittlichen Personalführung. Sie liefert aussagekräftige und zuverlässige Informationen von der Einstellung über die Förderung und Entwicklung bis zur Freisetzung von Personal. Ihre Bedeutung spiegelt sich auch darin wider, daß sie in zunehmendem Maße in Tarifabkommen berücksichtigt wird (Chemie).

Die wichtigsten Aufgaben und ihre Zielsetzungen sind in der nachfolgenden Übersicht dargestellt.

AUFGABEN		ZIELSETZUNG
Instrument der Personalführung Gewinnen von Informationen • Wie schätzt der Vorgesetzte seinen Mitarbeiter im Hinblick auf seine Leistung ein? • Wo liegen die Stärken und Schwächen des Mitarbeiters? • Aufzeigen von Verbesserungsmöglichkeiten	➡	• Intensivierung der Kommunikation zwischen Vorgesetztem und Mitarbeiter • Anerkennung der Leistung des Mitarbeiters • Steigerung der Leistung des Mitarbeiters • Verbesserung der Führungsqualität des Vorgesetzten
Instrument der Personaleinsatzplanung Gewinnen von fundierten Informationen über die bisherigen Leistungen der Mitarbeiter • Übernahme von Mitarbeitern in ein unbefristetes Arbeitsverhältnis vor Ablauf der Probezeit • Innerbetriebliche Versetzung • Förderung von Mitarbeitern • Bildung von Arbeitsgruppen/ Projektteams • Erstellung von Arbeitszeugnissen • Freisetzung von Mitarbeitern	➡	• Optimierung des Personaleinsatzes „Der richtige Mitarbeiter am richtigen Platz“ • Kontrolle personalwirtschaftlicher Maßnahmen
Instrument zur Lohn- und Gehaltsfindung • Förderung einer größeren Leistungsgerechtigkeit • Schaffung monetärer Leistungsanreize	➡	• Leistungsgerechte Vergütungssysteme für Mitarbeiter
Instrument der Personalentwicklung Gewinnen von fundierten Informationen über die bisherigen Leistungen der Mitarbeiter an ihrem derzeitigen Arbeitsplatz und über das Potential der Mitarbeiter, weitergehende Aufgaben zu übernehmen. • Auswahl förderungswürdiger Mitarbeiter • Festlegung des Bildungsbedarfs	➡	• Motivation der Mitarbeiter durch Nutzung des vorhandenen Potentials

Die Mitarbeiter wollen primär Gerechtigkeit. Diesem Aspekt trägt die **systematische Mitarbeiterbeurteilung** Rechnung. Sie zielt auf die Gleichbehandlung aller Mitarbeiter im Unternehmen, in dem sie

- zum gleichen Zeitpunkt,
- nach gleichen Spielregeln,
- zum gleichen Zweck,
- mit gleichen Beurteilungskriterien,
- mit gleichen Bewertungsskalen,
- mit möglichst gleichen Bewertungsmaßstäben und
- mit möglichst gleichem Wissens- und Leistungsstand der Beurteiler

durchgeführt wird. Sie zwingt zur sachlichen und gewissenhaften Beurteilung der Fähigkeiten und Leistungen der Mitarbeiter.

Die Anwendung unterschiedlicher Beurteilungskriterien, Bewertungsskalen und -maßstäbe ließe zwar besser die individuellen Stärken und Schwächen der Mitarbeiter erkennen, erschwert aber das vorstehende Ziel einer einheitlichen Behandlung aller Mitarbeiter.

Die **Häufigkeit der Mitarbeiterbeurteilung** hängt von der jeweils verfolgten Zielsetzung ab. Im allgemeinen wird zwischen periodisch bedingter und anlaßbedingter Beurteilung unterschieden.

	Periodisch bedingte Mitarbeiterbeurteilung	**Anlaßbedingte Mitarbeiterbeurteilung**
Charakteristik:	Die Mitarbeiterbeurteilung wird kontinuierlich und in regelmäßigen Zeitabständen (jährlich, zweijährlich) durchgeführt. Ihr liegt in der Regel ein einheitliches Beurteilungsverfahren zugrunde.	Die Mitarbeiterbeurteilung wird nur durchgeführt, wenn sie aus einem bestimmten Grund erforderlich ist. Eine Notwendigkeit zur Vereinheitlichung des Beurteilungsverfahrens besteht aufgrund der Vielzahl der Gründe nicht.
Anlässe:	• Gehaltsgespräch • Entwicklungsgespräch • Zielvereinbarungsgespräch • Jahresgespräch	• Probezeitbeurteilung • Beurteilung von Auszubildenden • Versetzung/Beförderung • Ausstellung eines Zwischenzeugnisses • Entlassung (Arbeitszeugnis)

In der betrieblichen Praxis werden mit der systematischen Mitarbeiterbeurteilung meist mehrere Zielsetzungen verfolgt. Die angewandte Methode gibt jedoch in der Regel Aufschluß darüber, welche der skizzierten Zielsetzungen im Vordergrund steht. Dennoch sind Überschneidungen möglich. Als Instrument der Personalentwicklung eingesetzt, können die gewonnenen Informationen gleichzeitig der Anlaß für die Korrektur des Arbeitsentgelts sein oder Konsequenzen hinsichtlich einer Personaleinsatzentscheidung nach sich ziehen.

Je nach Zielsetzung werden die Anforderungen an ein Beurteilungssystem unterschiedlich sein. Besteht die Hauptzielsetzung in der leistungsabhängigen Lohn- und Gehaltsfindung, so werden die leistungsbezogenen Beurteilungskriterien in den Vordergrund rücken. Wird dagegen die Mitarbeiterförderung zum Gegenstand der Mitarbeiterbeurteilung, so werden die Anforderungen des gegenwärtigen Arbeitsplatzes sowie die Erwartungen an zukünftige Arbeitsaufgaben relevant.

► Nutzen der Mitarbeiterbeurteilung

Die verfolgte Zielsetzung bestimmt auch den Nutzen für die Beteiligten. Richtig eingesetzt, nützt die Mitarbeiterbeurteilung Mitarbeitern, Vorgesetzten und Unternehmen gleichermaßen:

Nutzen der Mitarbeiterbeurteilung		
Mitarbeiter	**Vorgesetzte**	**Unternehmen**
• Feedback über die in der Beurteilungsperiode erbrachten Leistungen • Informationen über die Erwartungen des Vorgesetzten • Anerkennung der Leistung • Fähigkeit zur besseren Selbsteinschätzung • Steigerung der Selbstsicherheit und des Selbstvertrauens • Informationen über Stärken und Schwächen • Chance zur Verbesserung seiner Leistung • Analyse der Gründe für die Nichterreichung bestimmter Zielsetzungen • Hilfestellung zum Ausgleich festgestellter Mängel • Motivation zu besseren Leistungen bzw. Verhaltensweisen • Förderung durch gezielte Aus- und Weiterbildungsmaßnahmen	• Informationen über den Leistungsgrad seiner Abteilung • Intensive Auseinandersetzung mit der Leistung und dem Verhalten seiner Mitarbeiter • Kenntnis der Stärken und Schwächen einzelner Mitarbeiter • Unterstützung der Mitarbeiter durch frühzeitige Einleitung von Korrekturmaßnahmen zur Leistungssteigerung • Ermittlung der organisatorischen Schwachstellen • Vermeidung von Konflikten • Unterstützung bei der Bildungsbedarfsermittlung	• Informationen über den internen Arbeitsmarkt • Umfassender Überblick über den Eignungs- und Leistungsgrad und die Einsatz- und Entwicklungsmöglichkeiten der Mitarbeiter • Optimierung des Personaleinsatzes • Entscheidungsgrundlage für eine gerechte Lohn- und Gehaltsfindung • Gezielte Informationen über den Bildungsbedarf der Mitarbeiter, der einzuleitenden Bildungsmaßnahmen und ihrer Kontrolle • Verbesserung des Betriebsklimas (Vertrauen, Offenheit) • Entwicklung des Führungsstils hin zu einer einheitlichen Führungskultur

4.2 Träger der Mitarbeiterbeurteilung

Die Konzeption eines Beurteilungsverfahrens hängt entscheidend davon ab, wer die Beurteilung vornimmt. Den Personenkreis der Beurteiler und der Beurteilten bestimmen Sie je nach Zielsetzung und Gegenstand der Beurteilung.

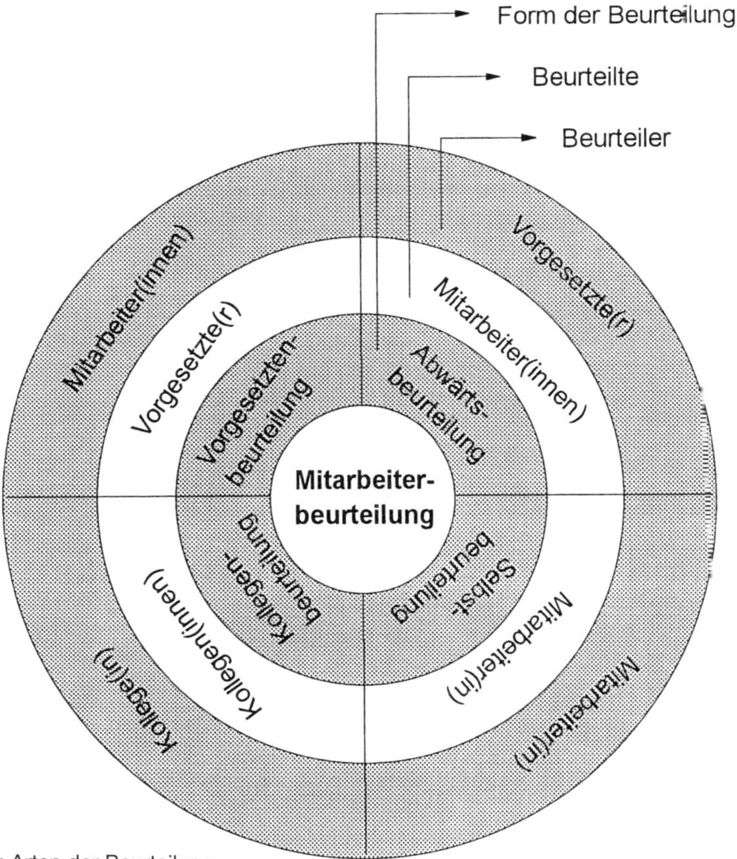

Abb.: Arten der Beurteilung

Grundsätzlich folgt aus den Zielvorstellungen, die mit der Mitarbeiterbeurteilung verbunden sind, daß sie für alle Mitarbeiter unabhängig von ihrer Funktion und hierarchischen Stellung im Unternehmen sinnvoll und möglich ist.

Wer ist Beurteiler?

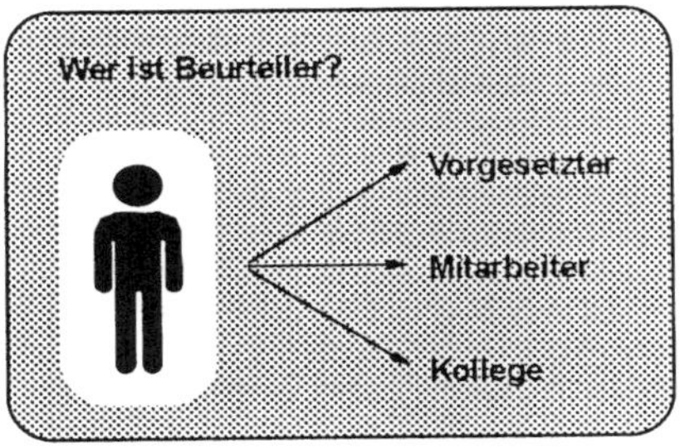

Vorgesetzte beurteilen ihre Mitarbeiter

Die Mitarbeiterbeurteilung im klassischen Sinn ist die Beurteilung von Mitarbeitern durch ihre direkten Vorgesetzten. Nur der direkte Vorgesetzte kann ein zuverlässiges Urteil abgeben, wie ein Mitarbeiter seine ihm übertragenen Aufgaben erfüllt. Dem direkten Vorgesetzten sind sowohl die Aufgabeninhalte und Leistungsziele bekannt als auch die Art und Weise, wie die Mitarbeiter an die Aufgabenerfüllung herangehen und welche quantitativen und qualitativen Ergebnisse sie tatsächlich erreichen. Durch die Beurteilung sollen Aussagen über die Leistung eines Mitarbeiters an seinem Arbeitsplatz getroffen bzw. das Potential für die gegenwärtigen oder zukünftigen Aufgaben ermittelt werden.

In der Regel wird die Beurteilung durch den direkten Vorgesetzten dem nächst höheren Vorgesetzten vorgelegt. Dieser gewinnt einerseits einen Überblick über alle Beurteilungen in seinem Verantwortungsbereich und kann andererseits bei Meinungsverschiedenheiten zwischen dem Vorgesetzten und dem Mitarbeiter die Funktion des Vermittlers übernehmen. Außerdem ist er in der Lage zu prüfen, ob das Beurteilungsverfahren auf seiten der direkten Vorgesetzten richtig angewendet wurde.

> **Wichtig:** Diese Form der Beurteilung wird, bezogen auf die betriebliche Hierarchie, auch als **Abwärtsbeurteilung** bezeichnet. Sie dominiert in der betrieblichen Praxis und steht auch im Mittelpunkt dieser Ausführungen.

Mitarbeiter beurteilen ihren Vorgesetzten

Diese Vorgehensweise stellt die Umkehrung der traditionellen Form der Mitarbeiterbeurteilung dar; synonym wird daher häufig der Begriff **Aufwärtsbeurteilung** verwendet.

Die Vorgesetztenbeurteilung wird in der Regel in Form einer schriftlichen Umfrage durchgeführt. Die Mitarbeiter werden aufgefordert, die Führungseigenschaften und das Führungsverhalten ihres direkten Vorgesetzten anhand eines Standardfragebogens oder eines unternehmensspezifischen Beurteilungsbogens zu bewerten. Das Ergebnis der Vorgesetztenbeurteilung wird dem Beurteilten häufig in übersichtlicher Form als Profildarstellung, die auf Mittelwerten basiert, zur Verfügung gestellt (vgl. Abbildung).

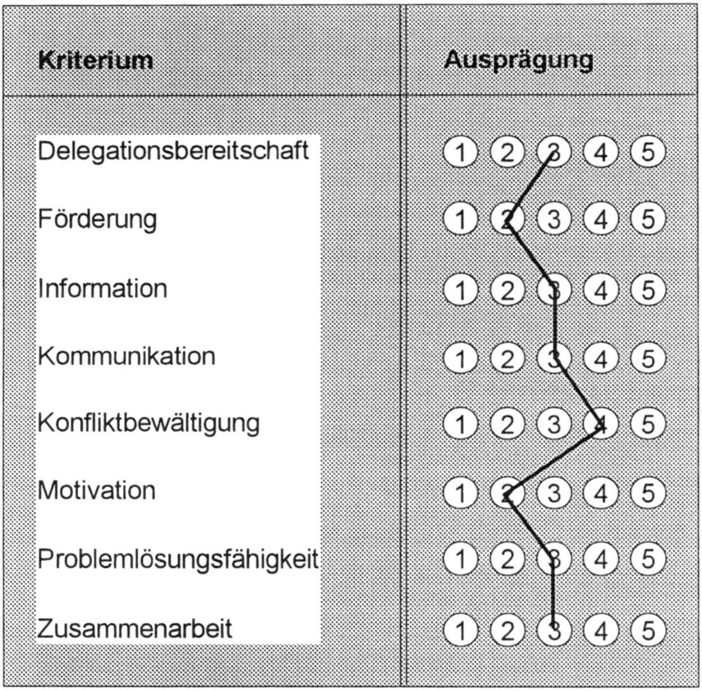

① = hervorragend, ② = sehr gut, ③ = gut, ④ = verbesserungsbedürftig, ⑤ = unzureichend
Abb.: Beurteilungsprofil

Als eigenständiges Instrument ist die Vorgesetztenbeurteilung in der betrieblichen Praxis bislang wenig verbreitet. In Betriebsklimaanalysen werden erste Ansätze dahingehend erkennbar, daß Kriterien zum Vorgesetztenverhalten (z. B. Verhältnis zum Vorgesetzten, Anerkennung durch den Vorgesetzten) abgefragt werden. Sie stellen jedoch hinsichtlich des Umfangs der Kriterien keinen gleichwertigen Ersatz für eine vollständige Vorgesetztenbeurteilung dar. In dieser Form kann sie lediglich als Vorstufe einer Vorgesetztenbeurteilung herangezogen werden, indem Ansatzpunkte vorhandener Schwachstellen im Führungsstil aufgezeigt werden.

Die folgende Gegenüberstellung zeigt, daß in der Praxis den Argumenten für eine Beurteilung der Vorgesetzten durch ihre Mitarbeiter eine Vielzahl von Einwänden entgegenstehen. Diesen wird im allgemeinen mehr Bedeutung beigemessen, als bei anderen Formen der Beurteilung. Es fragt sich allerdings, ob diese negativen Aspekte im Sinne einer fortschrittlichen Personalführung heute überhaupt noch zeitgemäß sind? Der Trend zum kooperativen Führungsstil, flache Hierarchien und Gruppenarbeit zielt letztendlich auf ein verändertes Verhalten von Vorgesetzten und Mitarbeitern und begünstigt damit die Durchführung der Vorgesetztenbeurteilung.

Pro und Contra Vorgesetztenbeurteilung

Pro-Argumente	**Contra-Argumente**
• Frühwarnsystem für Führungsfehler • Frühzeitige Kenntnis von Schwachstellen im Führungsverhalten • Konkrete Ansatzpunkte für die Verhaltensänderung und gezielte Einleitung von Schulungsmaßnahmen • Verbesserung der Führungsqualität des Vorgesetzten • Verbesserung der Selbsteinschätzung der Vorgesetzten • Verbesserung der Zusammenarbeit und Kommunikation zwischen Vorgesetzten und Mitarbeitern • Informationen über den tatsächlich praktizierten Führungsstil im Unternehmen • Mitarbeiter gestalten Führungsbeziehungen aktiv mit	• Unzureichende Akzeptanz durch die Vorgesetzten • Angst vor negativen Konsequenzen in der beruflichen Weiterentwicklung auf seiten der Vorgesetzten • Annahme, daß die Mitarbeiter nicht die Bereitschaft und die Fähigkeit zur Durchführung der Beurteilung besitzen • Fehler in der Anwendung durch Mitarbeiter • Unstimmigkeit der Vorgesetztenbeurteilung mit den vorhandenen Organisationsstrukturen • Fehlende Fähigkeit des Vorgesetzten, Kritik zu ertragen

In den USA und mittlerweile auch in großen Unternehmen Deutschlands wird dies bereits erkannt. Die Vorgesetztenbeurteilung ergänzt in zunehmendem Maß das Standardinstrumentarium (klassische Beurteilung, Mitarbeitergespräch, Fördergespräch) des Unternehmens.

Eine Vorgesetztenbeurteilung wird nur dann erfolgreich sein, wenn die wesentlichen Voraussetzungen im Unternehmen erfüllt sind:

- offene Unternehmenskultur,
- regelmäßige Schulung der Beurteiler,
- Sicherung der Anonymität der Beurteiler,
- Rückmeldung des Ergebnisses an den Vorgesetzten,
- Einleitung von Folgemaßnahmen (z. B. Führungstraining, Coaching),
- Zielvereinbarung.

► Kollegen beurteilen Kollegen

Diese Variante kommt bei Teamarbeit bzw. bei kleineren Arbeitsgruppen zum Einsatz. Mitarbeiter der gleichen Hierarchieebene beurteilen sich gegenseitig. Es handelt sich zumeist um ein formalisiertes Verfahren mit vorgegebenen Beurteilungskriterien. Je nach Zielsetzung der Kollegenbeurteilung werden sich die Beurteilungskriterien

- auf das in der Vergangenheit erbrachte Leistungsergebnis und Leistungsverhalten beziehen und/oder
- auf die Prognose der Eignung für zukünftige Aufgabeninhalte abstellen.

Die Beurteilungen werden von den Mitarbeitern schriftlich auf einem Beurteilungsbogen festgehalten. Ihre Ergebnisse werden in der Arbeitsgruppe gemeinsam besprochen.

Die Kollegenbeurteilung (auch Gleichgestelltenbeurteilung) ist ein spezieller Ansatz der Mitarbeiterbeurteilung, die in erster Linie durch eine atypische Rollenkonstellation im Gegensatz zur klassischen Mitarbeiterbeurteilung gekennzeichnet ist. Diese Form der Beurteilung ergänzt die klassische Mitarbeiterbeurteilung durch den Vorgesetzten, stellt jedoch keinen Ersatz dar. Die methodische Vorgehensweise (z. B. Wahl der Beurteilungskriterien, Beurteilungsbogen) entspricht der klassischen Mitarbeiterbeurteilung.

Als mögliche Gründe für die bislang geringe Verbreitung der Kollegenbeurteilung in der Praxis werden genannt:

- fehlende Akzeptanz des Instruments,
- mangelnde Kenntnis der Aufgabeninhalte der Beurteilten,
- erhebliche Belastung des Arbeitsklimas durch das Gefühl der ständigen Beobachtung,
- Beeinflussung der Beurteilung durch personelle Beziehungen wie Rivalität oder Freundschaft,
- hohe Tendenz zu Fehlurteilen.

Der Experte rät: ***Die Akzeptanz des Instruments können Sie steigern, indem Sie ein Projektteam bilden, das sich aktiv an der Wahl der Beurteilungskriterien, der Skalierung und der Gewichtung beteiligt. Das Projektteam sollte sich aus Mitarbeitern unterschiedlicher Arbeitsgruppen zusammensetzen. Diese Vorgehensweise stellt die Transparenz des Verfahrens und die Information der übrigen Mitarbeiter in den Arbeitsgruppen sicher.***

Mitarbeiter beurteilen sich selbst

Der Mitarbeiter beurteilt sich selbst. Er macht sich ein Bild von sich selbst, so wie er sich sieht. Dieses Selbstbild wird von seiner individuellen Wahrnehmung stark beeinflußt. Damit erhebt die Selbstbeurteilung weder einen Anspruch auf Objektivität noch einen Anspruch auf Realität.

In der betrieblichen Praxis ist die Selbstbeurteilung noch weitgehend unüblich. Erste Ansätze sind jedoch bei der Erstellung von Arbeitszeugnissen anzutreffen. Viele Unternehmen neigen dazu, die Formulierung des Zeugnisses durch den Betroffenen selbst vornehmen zu lassen. Die Vorformulierung des Zeugnisses ist Grundlage für die Erstellung des endgültigen Arbeitszeugnisses durch den Arbeitgeber.

Ein weiterer Ansatz bietet sich im Rahmen der klassischen Mitarbeiterbeurteilung an. Bei der Einladung zum Beurteilungsgespräch werden die Mitarbeiter aufgefordert, eine Beurteilung über sich selbst zu erstellen. Legen Sie bei diesem Verfahren die identischen Beurteilungskriterien und Bewertungsskalen zugrunde. Fehlinterpretationen hinsichtlich des inhaltlichen Verständnisses von Beurteilungskriterien vermeiden Sie durch entsprechende Hinweise auf den Beurteilungsbogen oder durch die Ausgabe separater Handanweisungen. Entsprechende Beispiele sind in Kapitel 4.5 (Beurteilungsbogen) abgedruckt.

Der Experte rät: *Die Erstellung des Fremdbildes durch den Vorgesetzten und des Selbstbildes durch den Mitarbeiter zwingen zu einem Abgleich im Rahmen des Beurteilungsgesprächs. Daraus ergeben sich zwei wesentliche Vorteile:*

- *Vorgesetzte und Mitarbeiter bereiten sich auf das Beurteilungsgespräch anhand identischer Unterlagen vor.*
- *Der Mitarbeiter weiß, was auf ihn zukommt. Er gewinnt dadurch an Sicherheit für das bevorstehende Beurteilungsgespräch.*

4.3 Verfahren der Mitarbeiterbeurteilung

Die in der Praxis angewandten Beurteilungsverfahren werden nach unterschiedlichen Kriterien eingeteilt:

- Je nach Umfang kann sich die Mitarbeiterbeurteilung auf einzelne Personen im Unternehmen beziehen oder für alle Mitarbeiter oder Mitarbeitergruppen eingesetzt werden.
- Je nach Art der verwendeten Beurteilungskriterien lassen sich quantitative und qualitative Beurteilungen unterscheiden.
- Nach dem Grad der Differenzierung von Beurteilungskriterien kann die Leistung eines Mitarbeiters als Gesamtleistung (summarische Beurteilung) betrachtet werden oder anhand einzelner Beurteilungskriterien (analytische Beurteilung) erfolgen.
- Je nach Systematik der Mitarbeiterbeurteilung sind die wesentlichen Merkmale der Beurteilung vorgegeben (systematische Beurteilung) oder werden alleine durch den Beurteiler (systemlose Beurteilung) bestimmt.

Die Vorgabe eines Beurteilungsverfahrens zielt auf einen einheitlichen Bewertungsmaßstab, der den subjektiven Einfluß des Beurteilers auf das Beurteilungsergebnis weitestgehend minimiert. In der betrieblichen Praxis werden daher überwiegend analytische Beurteilungsverfahren eingesetzt. Ihre Anwendung erleichtert dem Beurteiler die Vorgehensweise und stellt ein höheres Maß an Objektivität sicher.

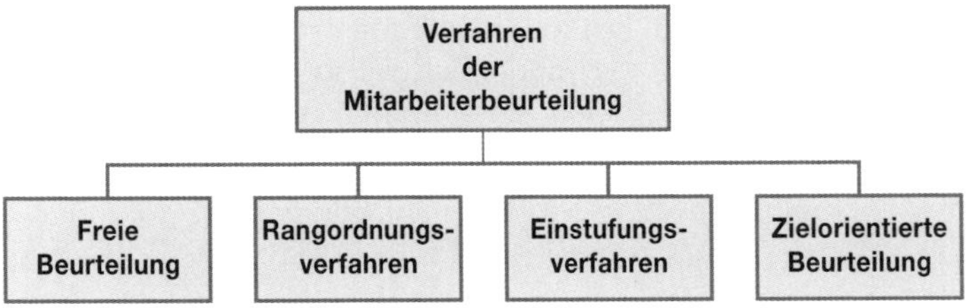

Freie Beurteilung

Die freie Beurteilung überläßt dem Beurteiler in allen Punkten die Wahl des Beurteilungsverfahrens. Dieser ist somit an keine inhaltlichen Vorgaben gebunden und kann die aufgenommenen Beurteilungskriterien und deren Gewichtung individuell auf die Aufgabeninhalte des Mitarbeiters abstimmen und damit gezielt dessen Stärken und Schwächen erfassen. Die Ergebnisse werden im allgemeinen verbal in Stichworten festgehalten.

Beispiel:
Ein Teamkoordinator beurteilt ein Teammitglied. Er legt seiner Beurteilung die Kriterien „Kommunikationsfähigkeit", „Fähigkeit zur Integration" und „Information" zugrunde und beschreibt diese verbal.

Die subjektive und meist unvollständige Wahl der Beurteilungskriterien durch den jeweiligen Beurteiler machen die Vergleichbarkeit mit anderen Beurteilungen unmöglich. Aus diesem Nachteil heraus resultiert eine Variante der freien Beurteilung. Sie gibt die Beurteilungskriterien vor, stellt jedoch dem Beurteiler die Formulierung frei.

Beispiel:
Ein Teamkoordinator beurteilt sein Teammitglied hinsichtlich der vorgegebenen Beurteilungskriterien „Kommunikationsfähigkeit", „Fähigkeit zur Konfliktbewältigung" und „Information". Er beschreibt diese verbal.

Auch in diesem Fall führt die Vorgabe der Beurteilungskriterien nur zu einer begrenzten Vergleichbarkeit, da diese Vorgehensweise durch die sprachliche Ausdrucksfähigkeit des Beurteilers zusätzlich erschwert wird.

> **Wichtig:** Die freie Beurteilung zieht in der Regel eine unkontrollierbare Beurteilungspraxis nach sich, da sie stark subjektiv durch die Person des Beurteilers geprägt ist. Die Ergebnisse liefern keine zuverlässige Entscheidungsgrundlage für die Einleitung personalpolitischer Maßnahmen. In der betrieblichen Praxis wird sie daher kaum eingesetzt.

Rangordnungsverfahren

Durch dieses Verfahren werden die Beurteiler veranlaßt, Rangordnungen der Mitarbeiter hinsichtlich ihrer Gesamtleistung oder einzelner Beurteilungskriterien zu bilden. Die Rangordnung kennzeichnet die relative Stellung eines Beurteilten zu den anderen Beurteilten. Dem Beurteiler stehen zur Durchführung des Verfahrens unterschiedliche methodische Hilfen zur Verfügung.

Concoursverfahren:
Der Beurteiler wählt ein Beurteilungskriterium aus und bringt die zu beurteilenden Mitarbeiter hinsichtlich dieses Kriteriums in eine Rangordnung.
Beispiel: Kontaktfähigkeit ➡ Rangordnung
1 Herr Schmidt
2 Herr Müller
3 Frau Schulz
4 Herr Maier

Methode des „Abschälens":
Der Beurteiler wählt ein Beurteilungskriterium aus und belegt hinsichtlich des Kriteriums innerhalb der Rangordnung zuerst den ersten und den letzten Rangplatz, dann den zweiten und den zweitletzten Rangplatz usw.
Beispiel: Kontaktfähigkeit ➡ Rangordnung
1 Herr Schmidt
2 Herr Müller
..
..
8 Herr Maurer

Verfahren der erzwungenen Verteilung:
Der Beurteiler wählt ein Beurteilungskriterium aus und orientiert die Vergabe der Rangplätze an der Normalverteilung, d. h. um eine breite Mittelgruppe scharen sich eine geringere Anzahl besser und schlechter beurteilter Mitarbeiter.
Beispiel: Kontaktfähigkeit ➡ Rangordnung

Ausprägung	①	②	③	④	⑤
Anz. der Beurteilten in %	5	25	40	25	5

Paarvergleichsmethode:
Der Beurteiler wählt ein Beurteilungskriterium aus und vergleicht jeden Mitarbeiter hinsichtlich des Beurteilungskriteriums mit jedem anderen Mitarbeiter. Die Rangordnung entsteht durch die Addition der Fälle, in denen ein Mitarbeiter besser als eine bestimmte Zahl anderer Mitarbeiter war.
Beispiel: Kontaktfähigkeit ➡ Rangordnung
Herr Schmidt ist besser als Herr Müller.
Herr Müller ist besser als Frau Schulz.
Herr Schmidt ist besser als Frau Schulz.
1 Herr Schmidt
2 Herr Müller
3 Frau Schulz

Diese Vorgehensweise erweist sich als sehr zuverlässig. Das Rangordnungsverfahren wird in der Regel nicht als eigenständiges Instrument eingesetzt, **sondern als Unterstützung oder Ergänzung anderer Verfahren**.

Der Experte rät: *Bei der Anwendung des Rangordnungsverfahrens sollten Sie beachten:*

- ***Sehen Sie die Ergebnisse nicht absolut. Rangplätze liefern lediglich relative Ergebnisse, da die Differenz zwischen den einzelnen Rangplätzen aufgrund unterschiedlich großer Leistungsunterschiede entstehen.***
- ***Die Bildung von Rangordnungen ist ein sehr zeitaufwendiges Verfahren und daher als Hilfsmittel nur bei kleinen Arbeitsgruppen anzuwenden.***
- ***Eine Vergleichbarkeit unter den Rangordnungen verschiedener Arbeitsgruppen ist nicht möglich.***
- ***Informieren Sie die Mitarbeiter rechtzeitig, da Rangordnungen innerhalb einer Arbeitsgruppe dem Teamgeist und der Zusammenarbeit eher schaden als fördern.***

▶ Einstufungsverfahren

In der heutigen Beurteilungspraxis dominiert das Einstufungsverfahren. Dabei werden dem Beurteiler die Beurteilungskriterien und die Skalierung vorgegeben. Der Beurteiler erfaßt die meist qualitativen Merkmale mit Hilfe von verbal oder numerisch definierten Kategorien, die auf einer Skala verschiedene Ausprägungsgrade des Merkmals repräsentieren. Durch das Einstufungsverfahrens wird der Beurteiler veranlaßt, sich intensiv mit jedem einzelnen Beurteilungskriterium auseinanderzusetzen. Diese Vorgehensweise führt zu einer höheren Praktikabilität und zu einer größeren Objektivität, da das Verfahren Fehlerrisiken, die auf die Person des Beurteilers zurückzuführen sind, weitestgehend ausschaltet.

Der **Hauptvorteil des Einstufungsverfahrens** ist die hohe Vergleichbarkeit unter den Beurteilungen. Außerdem ist das Verfahren leicht zu standardisieren. Das Hauptproblem des Verfahrens besteht in der Auswahl geeigneter Beurteilungskriterien, die mit den jeweiligen Anforderungen des Arbeitsplatzes abgestimmt sein müssen. Bei einer auf den einzelnen Arbeitsplatz zugeschnittenen Beurteilung müßten als Bezugsbasis Stellenbeschreibungen herangezogen oder aufwendige Anforderungsanalysen durchgeführt werden. Eine solche Vorgehensweise ist zu aufwendig, weshalb in der Regel dem Einstufungsverfahren ein genereller Kriterienkatalog zugrunde gelegt wird, der auf die Beurteilung aller Mitarbeiter angewendet wird.

Beurteilungskriterien

Die Auswahl geeigneter Beurteilungskriterien stellt hohe Anforderungen an die Entwicklung des Verfahrens. Für die **Festlegung von individuellen Beurteilungskatalogen** kann die jeweilige Stellenbeschreibung herangezogen werden. Sie beinhaltet die Zielsetzung der Stelle und der daraus abgeleiteten Einzelaufgaben des Stelleninhabers sowie seine Kompetenzen und Pflichten. Der **Hauptnachteil** des individuellen Kriterienkataloges besteht in dem **hohen Arbeitsaufwand**, der mit der Abstimmung der Anforderungen der einzelnen Arbeitsplätze verbunden ist. Außerdem wird wegen der Vielzahl von Kriterienkatalogen die Vergleichbarkeit unter den Beurteilungen stark reduziert.

Deshalb verzichten die meisten Verfahren in der Praxis auf eine exakte Abstimmung der Beurteilungskriterien mit den Anforderungen der jeweiligen Arbeitsplätze. Dafür werden generelle Kriterienkataloge eingesetzt, die für alle oder zumindest eine große Zahl von Arbeitsplätzen angewandt werden. Auf diese Weise steigt die Vergleichbarkeit unter den Beurteilungen.

Der Experte rät: *Setzen Sie **gruppenspezifische Beurteilungskataloge** ein. Diese geben Ihnen die Möglichkeit, die Beurteilungskriterien auf einzelne Mitarbeitergruppen (Führungskräfte, Mitarbeiter in der Verwaltung, Mitarbeiter in der Produktion) abzustimmen. Sie berücksichtigen damit die Spezifika der einzelnen Mitarbeitergruppen und erreichen eine hohe Vergleichbarkeit innerhalb der jeweiligen Gruppe.*

Die **nachfolgende Übersicht** umfaßt die Beurteilungskriterien, die in der betrieblichen Praxis häufig verwendet werden. Die Kriterien beziehen sich maßgeblich auf die Arbeitsleistung und das Arbeitsverhalten. Auf Merkmale, welche die persönlichen Eigenschaften des Mitarbeiters betreffen, wird weitgehend verzichtet.

- Arbeitsmenge
- Arbeitsqualität
- Ausdrucksfähigkeit
- Belastbarkeit
- Durchsetzungsfähigkeit
- Engagement
- Entscheidungsfreude
- Fachkönnen
- Fachwissen
- Flexibilität
- Lernbereitschaft
- Lernfähigkeit
- Motivation
- Organisation
- Pünktlichkeit
- Qualitätsbewußtsein
- Sauberkeit
- Sorgfalt
- Teamfähigkeit
- Termineinhaltung

- Initiative
- Kollegialität
- Kommunikationsfähigkeit
- Kooperationsfähigkeit
- Kostenbewußtsein
- Kundenorientierung
- Verantwortungsfreude
- Verantwortungsfähigkeit
- Weiterbildungsverhalten
- Zielstrebigkeit
- Zusammenarbeit
- Zuverlässigkeit

Die folgenden Kriterien finden überwiegend **auf Mitarbeiter mit Führungsverantwortung** Anwendung:

- Delegationsbereitschaft
- Entscheidungsfreude
- Führungsverhalten
- Information und Anleitung
- Kontrolle
- Mitarbeiterförderung
- Planung und Organisation
- Überzeugungsfähigkeit

Bei der Entwicklung eines Kriterienkataloges besteht die Tendenz, die Leistung und das Verhalten eines Mitarbeiters so vollständig wie möglich über Beurteilungskriterien abzubilden. Das führt dazu, daß 30 bis 40 Kriterien aufgenommen werden. Ein dermaßen überfrachteter Kriterienkatalog demotiviert den Beurteiler und veranlaßt zu mangelnder Sorgfalt. Der Beurteiler ist überfordert und das Beurteilungsverfahren von Anfang an zum Scheitern verurteilt. Mit 10 bis 20 Kriterien läßt sich eine aussagekräftige Beurteilung erstellen. Die folgende Übersicht enthält die bei der Auswahl geeigneter Beurteilungskriterien zu beachtenden Grundsätze.

Übersicht: Auswahl geeigneter Beurteilungskriterien

- Verwenden Sie nur Beurteilungskriterien, die sich auf beobachtbares Verhalten beziehen!
- Stimmen Sie die Beurteilungskriterien mit den Anforderungen der einzelnen Arbeitsplätze ab. Beurteilungskriterien müssen in unmittelbarem Zusammenhang mit der Leistungserbringung am Arbeitsplatz stehen und am Arbeitsplatz auch tatsächlich vorkommen.
- Erfassen Sie die wichtigsten für die Tätigkeit relevanten Merkmale!
- Vermeiden Sie persönlichkeitsorientierte Beurteilungskriterien. Sie können vom Beurteiler nicht beobachtet werden. Die Gefahr von Fehlinterpretationen nimmt zu.
- Formulieren Sie die Beurteilungskriterien so, daß keine psychologischen Fachkenntnisse erforderlich sind!
- Beschreiben Sie die Beurteilungskriterien eindeutig!
- Grenzen Sie die Beurteilungskriterien eindeutig voneinander ab!
- Beschränken Sie die Anzahl der Beurteilungskriterien, damit die Übersichtlichkeit gewahrt wird!

Der Experte rät: ***Binden Sie die Beurteiler schon frühzeitig bei der Entwicklung des Kriterienkataloges in das Beurteilungsverfahren ein. Die Beurteiler sind mit den Leistungsergebnissen und dem Leistungsverhalten der zu Beurteilenden bestens vertraut und geben Ihnen wertvolle Hinweise. Zusätzlich führt eine solche Vorgehensweise zu einem einheitlichen Verständnis der Beurteilungskriterien und schließt Fehlinterpretationen aus.***

Gewichtung

Nach der Auswahl der Beurteilungskriterien ist zu prüfen, welche Bedeutung die einzelnen Kriterien in der **Gesamtbeurteilung** haben. Gehen alle Kriterien gleichgewichtig in die Beurteilung ein? Sind sie alle in gleichem Umfang maßgeblich für die Leistungserbringung? Das Gewicht folgt aus dem Umfang, in dem die Leistung des Mitarbeiters durch das Merkmal beeinflußt wird. Eine Gewichtung kann aufgrund der unternehmensspezifischen Situation und/oder der gewählten Zielsetzung vorgenommen werden.

Beispiel:

In einen Beurteilungsbogen für gewerbliche Arbeitnehmer wurden die folgenden Kriterien aufgenommen:

- *Arbeitsmenge*
- *Arbeitsgüte*
- *Arbeitseinsatz/Initiative/Selbständigkeit*
- *Kostenbewußtsein*
- *Zusammenarbeit*
- *Sicherheitsverhalten*

Dabei wurden die beiden leistungsorientierten Kriterien Arbeitsmenge und Arbeitsgüte im Vergleich zu den restlichen Kriterien mit dem doppelten Gewicht versehen.

Beziehen Sie folgende Grundsätze in Ihre Überlegungen ein:

- Leistungsorientierte Beurteilungskriterien oder die das Leistungsergebnis unmittelbar beeinflussende Kriterien sind in der Regel stärker zu gewichten.
- Doppelbewertungen sind zu vermeiden, insbesondere dann, wenn zwischen zwei Kriterien eine starke Korrelation besteht.

Wichtig: Bei der Beurteilung von Führungskräften bietet sich eine stärkere Gewichtung der Führungseigenschaften an.

In den meisten Beurteilungssystemen wird ein einheitlicher Gewichtungsschlüssel verwendet, der zentral für alle Mitarbeiter festgelegt wird. Darüber hinaus besteht die Möglichkeit, den Gewichtungsschlüssel durch den jeweiligen Beurteiler definieren zu lassen. Dem tatsächlichen Einfluß der Kriterien an jedem Arbeitsplatz kann auf diese Weise individuell Rechnung getragen werden. An den Beurteiler werden jedoch hohe Anforderungen gestellt.

Sie können die Gewichtung auf zwei unterschiedliche Arten vornehmen:

Gewichtungsfaktoren
Sie ordnen jedem Beurteilungskriterium einen Multiplikationsfaktor zu.

Beispiel:

Delegationsbereitschaft	*× 2*
Mitarbeiterförderung	*× 2*
Kontrolle	*× 1*

Anteilsausweis
Sie fügen jedem Beurteilungskriterium einen Prozentanteil bei.

Beispiel:

Delegationsbereitschaft	*20 %*
Mitarbeiterförderung	*20 %*
Kontrolle	*10 %*

In der heutigen Beurteilungspraxis spielt die Gewichtung eine eher untergeordnete Rolle. Folgen Sie dem Trend, die Anzahl der Beurteilungskriterien auf ein „Muß" zu reduzieren, so ist es problematisch, den wenigen Beurteilungskriterien die entsprechende Gewichtung zuzuordnen. Zusätzlich wird die Praktikabilität des Beurteilungsverfahrens durch die Gewichtung eher gemindert als gefördert. Die Transparenz und die Nachvollziehbarkeit des Verfahrens sind nicht mehr gewährleistet.

Skalierung

Um die unterschiedlichen Leistungsgrade der Beurteilten zu erfassen, kann der Beurteiler verbal den Ausprägungsgrad jedes einzelnen Merkmals beschreiben. Diese Vorgehensweise stellt hohe Anforderungen an die sprachliche Ausdrucksfähigkeit des Beurteilers, die zu einer geringeren Vergleichbarkeit unter den Beurteilungen führt.

Für den Beurteiler wird es einfacher, wenn ihm eine bestimmte Anzahl von Bewertungsstufen (Skalierung) vorgegeben wird. Eine vorgegebene Skalierung stellt eine einheitliche Vorgehensweise sicher und gewährleistet die Vergleichbarkeit unter den Beurteilungen. Die in der Praxis anzutreffenden Beurteilungsbogen beinhalten in der Regel vorgegebene Bewertungsskalen. Die Bewertung des Beurteilungskriteriums erfolgt lediglich durch Ankreuzen des Ausprägungsgrades.

Anzahl der Skalenstufen

Die Praxis kennt Beurteilungsskalen mit den unterschiedlichsten Spannbreiten. Die Zahl der Skalenstufen variiert von 3 bis 9. In der Vergangenheit wurde am häufigsten die „5er"-Skala eingesetzt. In den letzten Jahren ist eine verstärkte Tendenz zur „7er"-Skala erkennbar.

„3er"-Skala	Sie bietet nicht genügend Differenzierungsstufen.
„5er"-Skala	Sie ist überschaubar, hat jedoch eine Tendenz zur „3er"-Skala, da Extremwerte nur selten verwendet werden.
„7er"-Skala	In dem häufig genutzten Mittelfeld bietet sie ausreichende Möglichkeiten, die Leistungen sinnvoll zu differenzieren.
„9er"-Skala	Sie gilt als überfrachtet. Die Unterschiede zwischen den einzelnen Bewertungsstufen sind nicht mehr eindeutig abgrenzbar.

Wahl der Skalierung

Die Übersicht auf Seite 141 vermittelt einen Überblick über die in der Praxis am häufigsten verwendeten Bewertungsskalen. Sie unterscheiden sich lediglich hinsichtlich ihrer Konstruktion.

Die **Beurteilungsskalen I–IV** überzeugen den Anwender durch ihre Übersichtlichkeit. Die Definitionen bzw. Ausprägungen können jedoch nur sehr allgemein gehalten werden. Die Beurteilungsskala V trägt dem Mangel an Verallgemeinerung in zwei Ausprägungen Rechnung. Die Skalenwertbeschreibung (1) beschreibt verbal den Inhalt des Merkmals. Die Ausprägungen jedes Merkmals skizziert der Beurteiler in der Regel anhand einer numerischen Skala. Die Skalenwertbeschreibung (2) beschreibt verbal das Beurteilungskriterium in allen Ausprägungen. Dem Beurteiler wird die Zuordnung des beobachteten Verhaltens erheblich erleichtert. Dadurch werden auch Fehldeutungen erheblich minimiert. Der Hauptnachteil dieser Skalenwertbeschreibung besteht in dem hohen Zeitaufwand bei der Erstellung der Skalendefinitionen.

Skalierungsmöglichkeiten

	Beurteilungsskala	Eigenschaft	Beispiel Merkmal: Zusammenarbeit sehr gut / gut / befriedigend / ausreichend / schlecht
I	**Numerische Skalen**	Die Abstufungen basieren auf Zahlenwerten.	1 2 3 4 5 ☐ ☐ ☐ ☐ ☐
II	**Alphabetische Skalen**	Statt der Zahlenwerte werden den Abstufungen Buchstaben zugeordnet zur Vermeidung der Assoziation mit Schulnoten.	A B C D E ☐ ☐ ☐ ☐ ☐
III	**Graphische Skalen**	Sie gibt dem Beurteiler die Möglichkeit, die Ausprägung durch einen Buchstaben auf einem Skalenstrahl festzuhalten.	I—— X ——————I
IV	**Nominalskalen**	Sie beschreibt die Abstufungen mit einzelnen Begriffen.	sehr gut / gut / befriedigend / ausreichend / schlecht ☐ ☐ ☐ ☐ ☐
V	**Skalenwertbeschreibung (1)**	Das Beurteilungskriterium wird verbal umschrieben. Der Beurteiler bewertet das Kriterium anhand einer numerischen oder alphabetischen Skala.	Zusammenarbeit mit Kollegen und Vorgesetzten, Teamfähigkeit, Kommunikationsfähigkeit, Hilfsbereitschaft 1 2 3 4 5 ☐ ☐ ☐ ☐ ☐
	Skalenwertbeschreibung (2)	Das Beurteilungskriterium wird in allen Ausprägungen verbal umschrieben.	1 Zusammenarbeit mit Kollegen und Vorgesetzten stets hervorragend, trägt in außerordentlichem Maße zum Teamerfolg bei. 2 Überdurchschnittliche Mitarbeit im Team, trägt zum Teamerfolg bei. 3 Gute Zusammenarbeit mit Kollegen und Vorgesetzten, integriert sich in das Team. 4 Manchmal Probleme in der Zusammenarbeit mit Kollegen und Vorgesetzten, umgänglich. 5 Integriert sich nicht in das Team, behindert die Arbeit im Team durch Störungen, unverträglich.

Checkliste: **Wahl der Bewertungskala** ✔

- Reduzieren Sie die Anzahl der Skalenstufen so, daß sie für den Beurteiler überschaubar ist! ❑
- Wählen Sie eine geeignete, ausreichend differenzierte, Skalierung! ❑
- Stimmen Sie die Bewertungsskalen auf die Beurteilungskriterien ab! ❑
- Beschreiben Sie die Skalenstufen eindeutig! ❑
- Formulieren Sie die Extremwerte der Skalenstufen nicht zu negativ oder zu positiv! Der Beurteiler scheut ihre Anwendung. Zusätzlich führen zu negative Beurteilungen zu Demotivation und Frustration des Beurteilten. Zu positive Beurteilungen wecken eine positive Erwartungshaltung auf Seiten des Beurteilten, die in dem Fall, in dem ihr nicht gleich entsprochen wird, einen Leistungabfall nach sich ziehen kann. ❑

Die Vorgehensweise beim Einstufungsverfahren von der Festlegung des Beurteilungsziels bis zur Durchführung der Beurteilung ist im folgenden Flußdiagramm (siehe nebenstehende Seite) dargestellt.

► Zielorientierte Beurteilung

Im Mittelpunkt dieses Verfahrens steht die Beurteilung des Mitarbeiters anhand von Zielen. Diese mit dem Mitarbeiter individuell vereinbarten Leistungsziele werden aus den Unternehmenszielen abgeleitet und bilden den Schwerpunkt der eigentlichen Tätigkeit und zugleich den Maßstab der Beurteilung. Ausgangspunkt ist die Festlegung der vom Mitarbeiter zu erfüllenden Zielsetzungen. Die Grundlagen der Zielvereinbarung und mögliche Inhalte eines Zielvereinbarungsgesprächs sind auf den Seiten 51 ff. und 94 ff. dargestellt.

Zur praktischen Umsetzung werden die vereinbarten Ziele in einem individuellen Leistungsplan beschrieben. Dieser sollte grundsätzlich folgende Angaben enthalten:

Ablauf des Einstufungsverfahrens

- vollständige Auflistung der Aufgabeninhalte einer Stelle (Stellenbeschreibung),
- Beschreibung der vereinbarten Ziele,
- Festlegung von Gewichtungsfaktoren für die einzelnen Ziele durch die Vergabe von Prioritäten oder Prozentanteilen,
- Beschreibung der persönlichen Entwicklungsziele des Mitarbeiters.

Der Experte rät: ***Erstellen Sie den Leistungsplan des Mitarbeiters nicht alleine! Beteiligen Sie den Mitarbeiter an seiner individuellen Ausgestaltung, zumal dieser die Grundlage der Beurteilung bildet. Für den Mitarbeiter wird zugleich das Verfahren transparent und folglich nachvollziehbar.***

Legen Sie zusätzlich in einem weiteren Schritt die Leistungsstandards fest. Diese ergänzen den individuellen Leistungsplan und verdeutlichen darüber hinaus, in welchem Ausmaß ein Mitarbeiter die Zielvereinbarungen zu erfüllen hat. Mit Hilfe dieser Leistungsstandards werden die unterschiedlichen Leistungsniveaus abgebildet.

Wie gehen Sie bei der Festlegung der Leistungsstandards vor?

- Sie legen gemeinsam mit dem Mitarbeiter die unterschiedlichen Leistungsstandards fest.

Beispiel:

„Der Personalreferent löst seine Aufgabe gut, wenn er ..."

Quantitatives Ziel:	*„... die krankheitsbedingten Fehlzeiten auf 3,5 % senkt!"*
Qualitatives Ziel:	*„... ein Konzept zur Reduzierung krankheitsbedingter Fehlzeiten vorlegt!"*

Zur Formulierung der Leistungsstandards können darüber hinaus auch Zeitlimits, Art und Weise der Aufgabenerfüllung, Methoden usw. herangezogen werden.

- Sie definieren für jedes Leistungsniveau einen Leistungsstandard und formulieren diesen so präzise wie möglich.

Beispiel:

Leistungsstandard	*Leistungsniveau*
„Der Personalreferent hat sein Ziel entscheidend	
überschritten, wenn er ..."	*1*
gut erreicht, wenn er ..."	*3*
entscheidend unterschritten, wenn er ..."	*5*

Die Formulierung solcher Leistungsstandards erfordert einen erheblichen Zeitaufwand und mindert folglich die Praktikabilität des Verfahrens. Sie reduzieren den Zeitaufwand, indem Sie bei einer „5er"-Skala nur die Bewertungsstufen 1, 3 und 5 präzise formulieren.

Die Bewertung der tatsächlich erbrachten Leistung des Mitarbeiters erfolgt durch den Vergleich der vereinbarten Ziele mit den festgelegten Leistungsstandards. In diesem Schritt ermitteln Sie, in welchem Ausmaß der Mitarbeiter das Ziel erreicht hat.

- Nutzen Sie bei Abweichungen das Beurteilungsgespräch (vgl. Seite 54), um gemeinsam mit dem Mitarbeiter die möglichen Ursachen für die Nichterreichung der Ziele festzustellen.
- Geben Sie dem Mitarbeiter ein Feedback über seine erbrachte Leistung auf der Basis der individuell vereinbarten Ziele und Leistungsstandards.
- Beachten Sie, daß der Grad der Zielerreichung nicht ausschließlich vom Mitarbeiter abhängt, sondern durch eine Vielzahl betriebsinterner und betriebsexterner Faktoren nachhaltig beeinflußt werden kann.

Der Experte rät: ***Führen Sie mit dem Mitarbeiter bereits innerhalb der Beurteilungsperiode regelmäßig Gespräche über seinen Zielfortschritt. Damit geben Sie dem Mitarbeiter Feedback und können frühzeitig, wenn schwerwiegende Einflüsse die Zielerreichung behindern, notwendige Zielkorrekturen einleiten (vgl. die Ausführungen zum Feedbackgespräch, Seite 67).***

Die zielorientierte Mitarbeiterbeurteilung hat zahlreiche Vorteile:

- Die Beurteilungen sind streng aufgabenbezogen.
- Die eindeutig formulierten Ziele und Leistungsstandards geben dem Beurteiler einen festen Bezugspunkt. Er kann die Leistung des Mitarbeiters objektiv einstufen.
- Der Mitarbeiter kennt die Anforderungen, die an ihn gestellt werden.
- Die Ausgestaltung der Leistungspläne und die Festlegung der Leistungsstandards beziehen sich inhaltlich konkret auf die zu erfüllenden Aufgaben einer Stelle.
- Die präzise Formulierung der Leistungsstandards setzt eindeutige Maßstäbe.
- Zielorientierte Beurteilungen liefern zuverlässige, arbeitsplatzbezogene Informationen und lassen außerdem die Stärken und Schwächen der Mitarbeiter erkennen.
- Die Kommunikation zwischen dem Vorgesetzten und dem Mitarbeiter wird durch die regelmäßig stattfindenden Gespräche intensiviert. Dadurch wird auch die Führungsqualität des Vorgesetzten positiv beeinflußt.

Der hohe Zeitaufwand, der mit der Definition der Leistungsstandards verbunden ist, dürfte der Hauptgrund für die geringe Anwendung des Verfahrens in der betrieblichen Praxis sein.

Der Experte rät: ***Sie steigern die Praktikabilität des Verfahrens, indem Sie frühzeitig Schulungsmaßnahmen einleiten:***

- ***Wie formuliere ich Ziele konkret und realistisch?***
- ***Wie erstelle ich Leistungspläne?***
- ***Wie formuliere ich Leistungsstandards?***
- ***Wie führe ich Zielfortschrittsgespräche?***
- ***Wie führe ich Zielvereinbarungsgespräche?***

In den USA zeigt sich seit einiger Zeit, insbesondere im Führungskräftebereich, ein vermehrter Einsatz zielorientierter Beurteilungen. Es kann davon ausgegangen werden, daß sich dieser Trend in Deutschland fortsetzt.

4.4 Stufen der Mitarbeiterbeurteilung

Eine systematische Mitarbeiterbeurteilung erfordert eine **systematische Vorgehensweise**. Sie trägt zur Akzeptanz des Verfahrens bei Vorgesetzten und Mitarbeitern bei und hilft, Beurteilungsfehler weitestgehend zu vermeiden. Drei typische Ablaufschritte können unterschieden werden:

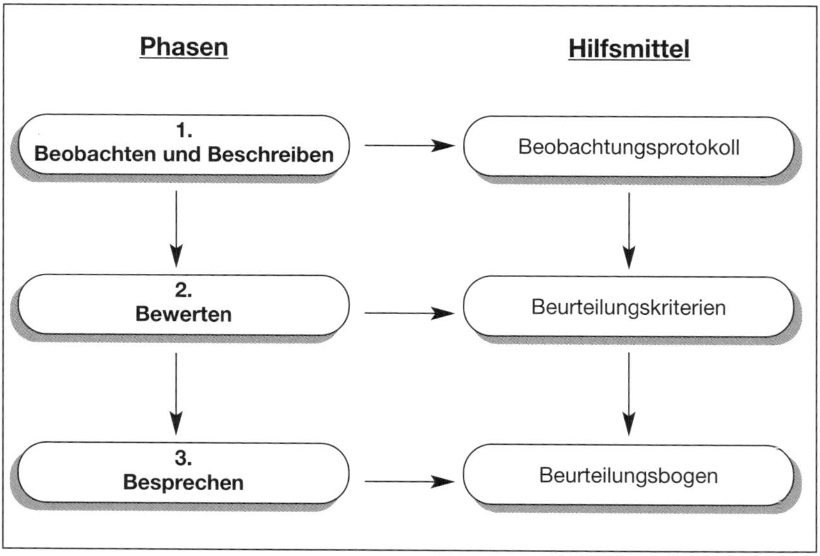

Abb.: Ablauf der Mitarbeiterbeurteilung

Beobachten und Beschreiben

Die Beobachtung zählt zur permanenten Aufgabe des Vorgesetzten. Sie ist regelmäßig und fortlaufend während des Beurteilungszeitraums durchzuführen. Gegenstand der Beobachtung sind die Arbeitsleistung und das Arbeitsverhalten des Mitarbeiters unter Berücksichtigung vorgegebener Beurteilungskriterien. Eine Beobachtung ist erst dann als zuverlässig anzusehen, wenn ihr Ergebnis auf einer Vielzahl von Einzelbeobachtungen beruht und Beurteilungsfehler weitestgehend auszuschließen sind.

Der Experte rät: ***Verwechseln Sie die Beobachtung nicht mit einer systematischen Fehlersuche! In dieser Stufe geht es lediglich um eine wertfreie Feststellung des Arbeits- und Leistungsverhaltens eines Mitarbeiters.***

Was sollten Sie als Beurteiler beachten?

- Gehen Sie systematisch vor und überlassen Sie die Beobachtung nicht dem Zufall!
- Konzentrieren Sie sich nicht nur auf negative Erscheinungen!
- Berücksichtigen Sie negative und positive Beobachtungen gleichermaßen!
- Beginnen Sie mit Ihren Beobachtungen nicht erst gegen Ende des Beurteilungszeitraums.
- Halten Sie Ihre Beobachtungen schriftlich fest! Oftmals sind es nur die negativen Erscheinungen, die im Gedächtnis haften bleiben. Positive Erscheinungen geraten schneller „ins Vergessen“.
- Vermeiden Sie bereits bei der Beschreibung Ihrer Eindrücke, eine Wertung vorzunehmen.
- Bleiben Sie objektiv!
- Verwenden Sie ein Formblatt, um eine Systematik Ihrer Beobachtungen vornehmen zu können! Dadurch wird Ihnen zusätzlich die Verbindung von Beurteilungskriterien und dem beobachteten Verhalten erleichtert.

Erst wenn Sie über eine Vielzahl von Einzelbeobachtungen verfügen, besitzen Sie eine zuverlässige Grundlage, die ein endgültiges Urteil über das Arbeitsergebnis und Arbeitsverhalten eines Mitarbeiters erlaubt. Dadurch wird Ihre Bewertung für den Mitarbeiter nachvollziehbar und transparent.

Die Beobachtung wird durch die Verwendung eines Beobachtungsprotokolls erleichtert, das von der Personalabteilung allen Beurteilern zur Verfügung gestellt wird. Damit wird der Beurteiler „gezwungen“, seine Beobachtungen schriftlich festzuhalten. Die Verwendung eines Form-

Regeln für die Beobachtung	
Was soll beobachtet werden?	Der Beurteiler soll, so diskret wie möglich, die regelmäßige Arbeitsleistung und das regelmäßige Arbeitsverhalten des Mitarbeiters im natürlichen Arbeitsprozeß erfassen. Die Beobachtung darf den Mitarbeiter weder zu einer intensiveren Arbeitsleistung als üblich veranlassen noch zu einem Versagen unter Streßbelastung führen.
Wo soll beobachtet werden?	Der Beurteiler soll leistungsbezogene Beurteilungskriterien (Arbeitstempo, Genauigkeit, Fertigkeiten) am Arbeitsplatz des Mitarbeiters beobachten. Verhaltensbezogene Kriterien (Kontaktvermögen, Kollegialität, Gruppenverhalten) können auch außerhalb des engeren Arbeitsbereiches, z. B. bei Besprechungen, beobachtet werden.
Wann soll beobachtet werden?	Der Beurteiler soll zu unterschiedlichen Zeitpunkten beobachten. Die Leistungsfähigkeit eines Menschen unterliegt aufgrund seines „Biorhytmus" dem gesetzmäßigen Wechsel seiner Leistungskurve. Leistungshöchstwerte sind in der Zeit von 09.00 Uhr bis 11.00 Uhr beobachtbar; Leistungstäler zeigen sich hingegen am frühen Nachmittag. Gleiche Beobachtungszeitpunkte führen folglich zu einem einseitigen und unvollständigen Bild des Mitarbeiters.

blatts läßt darüber hinaus durch den Vergleich der Mitarbeiter (Rangfolge) untereinander bereits erste Tendenzen erkennen.

Der Experte rät: *Verlassen Sie sich nicht darauf, daß eine regelmäßige Beobachtung überflüssig ist, weil Sie doch Ihre Mitarbeiter kennen. Diese Kenntnis fließt dann auch in die Beurteilung ein und diese fällt so ähnlich wie beim letzten Mal aus. Verbesserungen oder Verschlechterungen im Leistungsverhalten während der laufenden Beurteilungsperiode bleiben unberücksichtigt.*

Beobachtungsprotokoll			
Name, Vorname Mitarbeiter(in) *Mustermann, Fred*		Pers.Nr.: *4711*	Funktion *Teamkoordinator/Entwicklung*
Beobachtungs-zeitpunkt		**Beobachtetes Verhalten in Stichworten**	
Datum	Uhrzeit	Beurteilungskriterium: *Fachkompetenz*	Ort
30.06.2001	15.20	*Herr Mustermann überblickt fachübergreifende Zusammenhänge.*	*Arbeitsplatz*
Datum	Uhrzeit	Beurteilungskriterium: *Teamfähigkeit*	Ort
03.03.2001	11.15	*Herr Mustermann ist gegenüber seinen Kollegen aufgeschlossen und unterstützt diese in kooperativer Weise.*	*Teamsitzung*
15.06.2001	14.30	*Herr Mustermann berücksichtigt die Folgen von Entscheidungen und Maßnahmen auch über den eigenen Verantwortungsbereich hinaus.*	*Teamsitzung*
Datum	Uhrzeit	Beurteilungskriterium: *Kontaktfähigkeit*	Ort
13.04.2001	9.20	*Herr Mustermann gibt seinen Kollegen die Informationen zeitgerecht und umfassend weiter.*	*Besprechung*
Datum	Uhrzeit	Beurteilungskriterium:	Ort

Bewerten

In dieser Phase stellt sich für den Beurteiler die Problematik, geeignete Bewertungsmaßstäbe festzustellen. Häufig besteht die Gefahr, allgemeine Werturteile abzugeben bzw. die eigenen Idealvorstellungen der Bewertung zugrunde zu legen. Beurteilt werden soll die **Eignung eines Mitarbeiters** für einen bestimmten Arbeitsplatz bzw. eine bestimmte Aufgabenstellung. Dabei kann die endgültige Urteilsfindung durch vorgegebene Formulierungshilfen im Beurteilungsbogen oder in einer separaten Handanweisung erleichtert werden.

Beispiel:

Belastbarkeit

- *behält Ruhe und Überblick,*
- *erreicht gute Leistungen unter Zeitdruck,*
- *reagiert sachlich bei Streß oder Angriffen durch Kollegen,*
- *kann Rückschläge wegstecken und regeneriert sich schnell,*
- *ist in Krisensituationen bereit und in der Lage, die Unterstützung seiner Kollegen oder seines Vorgesetzten anzunehmen.*

Der Experte rät: ***Beachten Sie bei Ihrer Bewertung stets die vorgegebenen Beurteilungskriterien! Bewerten Sie keine Eigenschaften, die nicht abgefragt werden!***

Besprechen

Das Beurteilungsgespräch ist eine wesentliche Voraussetzung für die Akzeptanz des Beurteilungsverfahrens durch die Beurteilten. Beurteiler und Beurteilte tauschen gegenseitig ihre Bewertungen hinsichtlich des Leistungsergebnisses und des Leistungsverhaltens aus. Sie lernen die Erwartungen der jeweils anderen Seite kennen und verständigen sich darüber. Dadurch werden die Transparenz und die Nachvollziehbarkeit des Verfahrens für den Mitarbeiter sichergestellt.

Wesentliche Voraussetzung für ein Beurteilungsgespräch ist eine intensive Vorbereitung.

Der Experte rät: ***Führen Sie kein Beurteilungsgespräch, wenn Sie nur unzureichend vorbereitet sind. Bedenken Sie die Chancen und Risiken, die aus einem Beurteilungsgespräch resultieren können! Leichtfertige und oberflächliche Beurteilungen können sich ideell und materiell auf den Beurteilten auswirken.***

Checkliste:
Sind Sie gut vorbereitet?

	Ja	Nein
• Habe ich regelmäßig und fortlaufend beobachtet?	❑	❑
• Habe ich meine Beobachtungen während des Beurteilungszeitraums durchgeführt?	❑	❑
• Liegt meiner Bewertung eine ausreichende Anzahl von Einzelbeobachtungen zugrunde?	❑	❑
• Habe ich meine Beobachtungsprotokolle regelmäßig geführt?	❑	❑
• Habe ich meiner Beurteilung den richtigen Bewertungsmaßstab zugrunde gelegt?	❑	❑
• Habe ich mich von meinen Idealvorstellungen leiten lassen?	❑	❑
• Kann ich Beurteilungsfehler weitestgehend ausschließen?	❑	❑
• Bin ich in der Lage, meine Bewertungen sachlich zu begründen und zu erläutern?	❑	❑
• Habe ich den Mitarbeiter rechtzeitig über den Termin des Beurteilungsgespräches informiert?	❑	❑
• Habe ich dem Mitarbeiter ausreichend Zeit gegeben, um sich seinerseits auf das Gespräch vorzubereiten?	❑	❑

Die Regeln für eine erfolgreiche Gesprächsführung sowie Ablauf und Inhalt des Beurteilungsgesprächs sind im ersten Teil des Buches ausführlich dargestellt.

4.5 Beurteilungsbogen

Das Ergebnis der Beurteilung wird schriftlich festgehalten. Bei der Anwendung der freien Beurteilung ist der Beurteiler an kein vorgegebenes Formular gebunden. Der Beurteiler selbst entscheidet über die Wahl seiner Beurteilungskriterien, seines Bewertungsmaßstabes und den Aufbau der Beurteilung. Die Ausprägungen der Beurteilungskriterien werden verbal beschrieben. Der Charakter einer solchen Beurteilung ist insofern eher mit dem eines Gutachtens oder Zeugnisses vergleichbar.

Bei der gebundenen Beurteilung werden dem Beurteiler die Bewertungsmaßstäbe und die Beurteilungskriterien in einem Beurteilungsbogen vorgegeben. Der Beurteiler hat auf diese Vorgaben keinen Einfluß. In der Regel wird die Skala der Fertigkeiten und Kenntnisse auf einige wenige Grundbereiche reduziert. Dem Beurteiler wird damit der Vorgang des Beurteilens erleichtert. Ein Hauptvorteil der gebundenen Beurteilung liegt in der einheitlichen Vorgehensweise, die zusätzlich die Vergleichbarkeit verschiedener Beurteilungen sicherstellt. Dadurch können die Ergebnisse der Beurteilungen zu statistischen Auswertungen, z. B. Strukturuntersuchungen oder der Ermittlung unternehmensspezifischer Durchschnittswerte herangezogen werden. Außerdem können auf Grundlage der gewonnenen Daten kurzfristig Entscheidungen entsprechend der mit der Mitarbeiterbeurteilung verfolgten Zielsetzung herbeigeführt werden.

Je nach Art des praktizierten Verfahrens wird der Beurteilungsbogen entweder vom Vorgesetzten allein ausgefüllt oder teilweise bzw. ganz im Beisein des Mitarbeiters während des Beurteilungsgesprächs. Der Beurteilungsbogen kann außerdem als Orientierungshilfe bei der Vorbereitung des Beurteilungsgesprächs herangezogen werden; im Gespräch kann er als Strukturierungshilfe genutzt werden.

Bei der Entwicklung eines Beurteilungsbogens können Sie das folgende Gliederungsschema als Orientierungshilfe heranziehen.

Mögliche Inhalte eines Beurteilungsbogens		
	Gebundene Beurteilung – Gliederungsschema	**Zielsetzung**
I	**Persönliche Angaben** – Name, Vorname des Beurteilten – Personalnummer des Beurteilten – Geburtsdatum des Beurteilten – Beurteilungszeitraum – Name des Beurteilers/Vorgesetzten	Die vollständigen Angaben im „Kopf" der Beurteilung erleichtern der Personalabteilung die Bearbeitung der Beurteilungsbogen (Auswertung z. B. Ableitung des Schulungsbedarfs, Ablage in der Personalakte).
II	**Angaben zur Funktion des Beurteilten** – Abteilung – Funktionsbezeichnung/Stellenbezeichnung – Kurze Funktionsbeschreibung (Aufgabeninhalte)	Die tatsächlich zu erfüllenden Aufgaben sind vom Beurteiler als Maßstab für die Beurteilung heranzuziehen.
III	**Leistungsbeurteilung** Bei der eigentlichen Leistungsbeurteilung werden die Beurteilungskriterien und Bewertungsskalen vorgegeben.	Zur Sicherstellung einer einheitlichen Interpretation der Beurteilungskriterien durch den Beurteiler können Hinweise zu ihrem Verständnis in den Beurteilungsbogen oder in einer separaten Handanweisung aufgenommen werden.
IV	**Gesamtbeurteilung** Der Beurteiler ist aufgefordert, eine zusammenfassende Darstellung der Gesamtleistung auf Grundlage der Beurteilungskriterien verbal zu formulieren. Die gebundene Beurteilung wird etwas aufgelockert.	Der Beurteiler hat die Möglichkeit, seine Erläuterungen gezielt auf die besonders ausgeprägten Eigenschaften des Beurteilten abzustellen.
V	**Potentialbeurteilung/ -einschätzung** Sie ist zukunftsorientiert. Der Beurteiler ist aufgefordert, die Eignung und Neigung des Mitarbeiters für die Übernahme zusätzlicher Aufgaben in der Zukunft zu bewerten.	Der Beurteiler kann konkrete Vorschläge für den künftigen Einsatz des Mitarbeiters unterbreiten z. B. job enlargement, job enrichment, job rotation. Im Rahmen der Potentialbeurteilung sollte der Nutzen für das Unternehmen erkennbar sein.

VI	**Zielvereinbarung** Zielvereinbarungen können sich sowohl auf jetzige als auch auf zukünftige Aufgabeninhalte beziehen.	Der Beurteiler kann mit dem Beurteilten konkrete Leistungsziele vereinbaren oder geeignete Fördermaßnahmen zur beruflichen Weiterentwicklung empfehlen.
VII	**Stellungnahme des Mitarbeiters** Der Beurteilte ist aufgefordert, die aus seiner Sicht vorhandenen Fertigkeiten und Kenntnisse, Stärken und Schwächen und die notwendigen Fördermaßnahmen darzulegen.	Die Stellungnahme zielt auf die ausreichende Berücksichtigung der persönlichen Meinung des Beurteilten.
VIII	**Abschließende Angaben** – Datum der Beurteilung – Unterschrift des Beurteilers – Unterschrift des Beurteilten	Die Unterschriften am „Fuß“ der Beurteilung dokumentieren das Einverständnis des Beurteilten.

Je nach Zielsetzung der Mitarbeiterbeurteilung sind weitere Angaben, z. B. Tarifgruppe, Höhe des Entgelts, Dauer der Tätigkeit in der jetzigen Funktion usw., aufzunehmen. Die gebundene Beurteilung ist nicht mehr geeignet, wenn auf die Individualität des Beurteilten abgestellt werden soll, da in dieser Form der Darstellung persönliche Eigenschaften gänzlich unberücksichtigt bleiben.

Der abgedruckte Beurteilungsbogen stammt aus einem mittelständischen Industriebetrieb. Er wird sowohl für die gewerblichen Arbeitnehmer als auch für Mitarbeiter im Angestelltenverhältnis eingesetzt.

Bei der Aufstellung der Beurteilungskriterien hat sich das Unternehmen an vier Unternehmens-Leitmotiven orientiert. Sie werden im Rahmen der Leistungsbeurteilung als Überschriften zu den sie konkretisierenden Beurteilungskriterien verwendet. Die gemeinsam erarbeiteten Ergebnisse des Beurteilungsgesprächs werden auf dem Beurteilungsbogen schriftlich festgehalten. Weichen die Bewertung des Vorgesetzten und die Selbsteinschätzung des Mitarbeiters voneinander ab, so besteht die Möglichkeit, diese auf dem Beurteilungsbogen kenntlich (V = Bewertung des Vorgesetzten, M = Selbsteinschätzung des Mitarbeiters) zu machen.

Beurteilungsbogen

Personalleitung	Mitarbeiterbeurteilung	Datum:
Mitarbeiter(in) – Pers.Nr.	Abteilung – KSt.	Vorgesetzter

Leistungsverhalten

Merkmale/Kriterien	Ausprägung: 1 *sehr stark* 2 *stark* 3 *befriedigend* 4 *schwach* 5 *sehr schwach*					Bemerkungen
Professionalität	1	2	3	4	5	
Fachwissen	☐	☐	☐	☐	☐	....
Übersicht	☐	☐	☐	☐	☐	....
Umsetzungsstärke	☐	☐	☐	☐	☐	....
Selbständigkeit	☐	☐	☐	☐	☐	....
(für Führungskräfte)						....
Entscheidungsfreude	☐	☐	☐	☐	☐	....
Delegationsbereitschaft	☐	☐	☐	☐	☐	....
Überzeugungsfähigkeit	☐	☐	☐	☐	☐	....
Mitarbeiterförderung	☐	☐	☐	☐	☐	....
Verantwortlichkeit						
Zielstrebigkeit	☐	☐	☐	☐	☐	....
Zuverlässigkeit	☐	☐	☐	☐	☐	....
Qualitätsbewußtsein	☐	☐	☐	☐	☐	....
Kostenverhalten	☐	☐	☐	☐	☐	....
Begeisterung						
Arbeitseinstellung	☐	☐	☐	☐	☐	....
Aktivität	☐	☐	☐	☐	☐	....
Initiative	☐	☐	☐	☐	☐	....
Weiterbildungsverhalten	☐	☐	☐	☐	☐	....
Solidarität						
Kollegialität	☐	☐	☐	☐	☐	....
Information	☐	☐	☐	☐	☐	....
Umgangsformen	☐	☐	☐	☐	☐	....
Teamfähigkeit	☐	☐	☐	☐	☐	....

Potentialeinschätzung

Entwicklungsziele:

❶ Wollen Sie sich weiterentwickeln?
☐ ja ☐ nein

❷ Wenn ja, in welchem Zeitraum?
☐ kurz- ☐ mittel- ☐ langfristig

❸ Welche Funktionen streben Sie an?
....
....

Eigenschaften und Fähigkeiten:

....
....
....
....
....
....
....

Zielvereinbarungen

....
....
....
....
....

Datum, Unterschrift Vorgesetzter

Datum, Unterschrift Mitarbeiter/in

Die einheitliche Interpretation der Beurteilungskriterien durch die Beurteiler und die Beurteilten wird durch die Zuordnung konkreter Beispiele in einer separaten Handanweisung sichergestellt.

Handanweisung zur Mitarbeiterbeurteilung		
Personalabteilung	**Mitarbeiterbeurteilung**	
Erläuterungen zum Leistungsverhalten		
Beurteilungsmerkmal	**Definition**	**Beispiel**
Fachwissen	Die zur Erfüllung der Aufgaben erforderlichen Kenntnisse und Fähigkeiten.	Ist in seinem Fachgebiet auf dem Laufenden.
Übersicht	Das Erkennen und Beherrschen der zur Ausübung der Tätigkeit relevanten Zusammenhänge.	Denkt mit, wenn nötig auch über den eigenen Bereich hinaus.
Umsetzungsstärken	Das unmittelbare und zielgerichtete Verwirklichen der anfallenden Aufgaben.	Packt das Notwendige an und bringt es zu Ende.
Selbständigkeit	Die Fähigkeit, sein Arbeitspensum ohne die Hilfe durch Vorgesetzte bzw. Kollegen zu erledigen.	Versucht die Probleme zuerst selbst zu lösen.
Entscheidungsfreude	Die zum reibungslosen Fortgang der anstehenden Aufgaben erforderlichen Entschlüsse rasch zu fassen und zu verwirklichen.	Sieht das Problem und löst es, indem er seinen Entscheidungsspielraum voll ausnutzt.
Delegationsbereitschaft	Die Mitarbeiter durch Übertragung qualifizierter Arbeiten zur eigenverantwortlichen Tätigkeit zu veranlassen.	Macht nicht alles selbst, sondern bindet die Mitarbeiter aktiv ein.
Überzeugungsfähigkeit	Die Befähigung, seine fachlichen Entscheidungen und Auffassungen den Mitarbeitern in sachlicher Form verständlich und nachvollziehbar zu machen.	Hat ein sicheres und motivierendes Auftreten, das bei den Mitarbeitern auf Akzeptanz trifft.
Mitarbeiterförderung	Das Ausschöpfen der betrieblichen Möglichkeiten, die Mitarbeiter persönlich und fachlich weiterzuentwickeln.	Führt Mitarbeitergespräche, um die Bedürfnisse und Wünsche zu erfahren und die geeigneten Maßnahmen zu veranlassen.
Zielstrebigkeit	Das Bemühen, seine Aufgaben auf rationelle Weise zu erfüllen.	Hält sich nicht mit Unwesentlichem auf.
Zuverlässigkeit	Die Gewißheit, auf die sorgfältige und termingerechte Erledigung der Aufgaben durch den Mitarbeiter vertrauen zu können.	Die Arbeitsergebnisse können ungeprüft übernommen werden.
Qualitätsbewußtsein	Das Bestreben des Mitarbeiters, seine Arbeit frei von Fehlern zu erledigen.	Legt Wert auf einwandfreie Arbeitsergebnisse.

Beurteilungsmerkmal	**Definition**	**Beispiel**
Kostenverhalten	Der rationelle und sparsame Umgang mit Betriebsmitteln und Material.	Achtet bei seiner Tätigkeit stets auf die kostengünstigste Variante.
Arbeitseinstellung	Die aufgrund äußeren Verhaltens erkennbare Haltung gegenüber Unternehmen, Arbeitsinhalten und Abläufen.	Identifiziert sich mit dem Unternehmen und mit seiner Tätigkeit.
Aktivität	Die Fähigkeit, sich auf unterschiedliche Anforderungen rasch einzustellen und die übertragenen Aufgaben zügig zu erledigen.	Braucht auf neue Aufgaben nicht erst vom Vorgesetzten eingestimmt zu werden.
Initiative	Das Ausführen von Arbeitsaufgaben aus eigenem Antrieb.	Wartet nicht, bis er förmlich aufgefordert wird.
Weiterbildungsverhalten	Die Aufgeschlossenheit gegenüber den betrieblichen Angeboten einschließlich der Bereitschaft, Zeit und Energie in die eigene Weiterbildung zu investieren.	Nimmt die betrieblichen Angebote wahr und informiert über die Inhalte und die Art der Präsentation.
Kollegialität	Die Bereitschaft, gegenüber den Kollegen aufgeschlossen zu sein und sie in kooperativer Weise zu unterstützen.	Geht auf die Kollegen zu und bleibt auch bei Kritik auf sachlicher Ebene.
Information	Die Weitergabe der zur Ausübung der Tätigkeit erforderlichen Fakten.	Beschränkt sich auf sachliche Informationen und holt diese gegebenenfalls selbst ein.
Umgangsformen	Die Beachtung der Grundregeln, die für ein gedeihliches Miteinander unentbehrlich sind.	Hat sich in Wortwahl und Gestik stets unter Kontrolle.
Teamfähigkeit	Die Befähigung, seine Fachkenntnisse in ein Team einzubringen und sich persönlich in dieses zu integrieren.	Drängt sich nicht in den Vordergrund, läßt andere ausreden und sucht Fehler zuerst bei sich

Dem Mitarbeiter werden zur Vorbereitung auf das Beurteilungsgespräch auf einem gesonderten Bogen die Beurteilungskriterien der Leistungsbeurteilung und die Handanweisung zur Verfügung gestellt. Ziel ist es, im Rahmen des Beurteilungsgespräches das Fremdbild des Vorgesetzten und das Selbstbild des Mitarbeiters gegenseitig auszutauschen.

Vorbereitung zum Beurteilungsgespräch

Personalleitung	**Vorbereitung zum Beurteilungsgespräch**	**Datum:**

Bitte verwenden Sie dieses Formular zu Ihrer Vorbereitung auf das bevorstehende Beurteilungsgespräch. Das Formular dient ausschließlich Ihrer eigenen Verwendung.

Bitte schätzen Sie Ihr Leistungsverhalten anhand der nachfolgenden Kriterien e n:

Merkmale/Kriterien	**Ausprägung:** *1 sehr stark, 2 stark, 3 befriedigend, 4 schwach, 5 sehr schwach*					**Bemerkungen**
Professionalität	1	2	3	4	5	
Fachwissen	☐	☐	☐	☐	☐	....
Übersicht	☐	☐	☐	☐	☐	....
Umsetzungsstärke	☐	☐	☐	☐	☐	....
Selbständigkeit	☐	☐	☐	☐	☐	....
(für Führungskräfte)						....
Entscheidungsfreude	☐	☐	☐	☐	☐	....
Delegationsbereitschaft	☐	☐	☐	☐	☐	....
Überzeugungsfähigkeit	☐	☐	☐	☐	☐	....
Mitarbeiterförderung	☐	☐	☐	☐	☐	....
Verantwortlichkeit						
Zielstrebigkeit	☐	☐	☐	☐	☐	....
Zuverlässigkeit	☐	☐	☐	☐	☐	....
Qualitätsbewußtsein	☐	☐	☐	☐	☐	....
Kostenverhalten	☐	☐	☐	☐	☐	....
Begeisterung						
Arbeitseinstellung	☐	☐	☐	☐	☐	....
Aktivität	☐	☐	☐	☐	☐	....
Initiative	☐	☐	☐	☐	☐	....
Weiterbildungsverhalten	☐	☐	☐	☐	☐	....
Solidarität						
Kollegialität	☐	☐	☐	☐	☐	....
Information	☐	☐	☐	☐	☐	....
Umgangsformen	☐	☐	☐	☐	☐	....
Teamfähigkeit	☐	☐	☐	☐	☐	....

Nachfolgend haben Sie Gelegenheit für persönliche Anmerkungen, die Sie gerne im Gespräch ansprechen möchten.

....

....

....

....

....

....

....

....

....

....

4.6 Beurteilungsfehler

Das Ergebnis jeder Mitarbeiterbeurteilung kann durch Beurteilungsfehler gemindert werden. Beurteilungsfehler beruhen auf subjektiven Einflüssen (Gefühle, Werte, Wünsche, Vorstellungen), die in jeden Beurteilungsprozeß einfließen. Jede Beurteilung ist somit mehr oder weniger subjektiv von der Person des Beurteilers geprägt.

Beurteilungsfehler wirken sich unbewußt und damit unkontrolliert auf den Beurteilungsprozeß und das Ergebnis der Beurteilung aus. Folglich kann auch das beste Beurteilungssystem nicht absolut fehlerfrei praktiziert werden. Die Gefahr von Fehleinschätzungen kann zwar durch die Kenntnis möglicher Fehlerquellen gemindert, jedoch nie völlig ausgeschaltet werden.

Der Experte rät: ***Streben Sie eine Minimierung der Fehlermöglichkeiten an, indem Sie sich die verschiedenen Fehlerquellen bewußt machen!***

Nach ihrem Ursprung lassen sich verschiedene Gruppen von Beurteilungsfehlern unterscheiden.

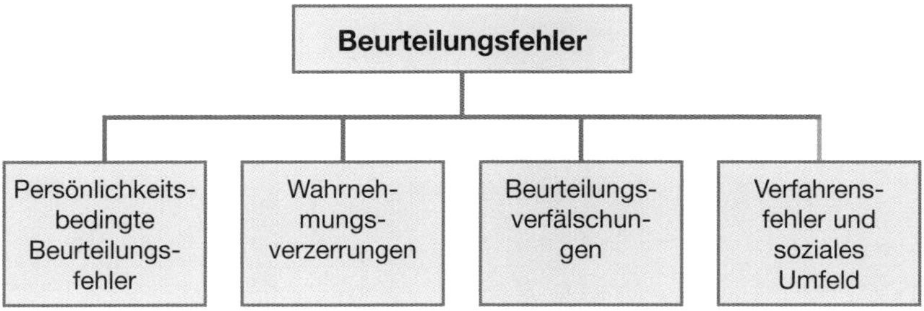

Persönlichkeitsbedingte Beurteilungsfehler liegen in der Person des Beurteilers:

<table>
<tr><th>Fehler</th><th>Eigenschaft</th><th>Tip</th></tr>
<tr><td>Erster Eindruck</td><td>Jeder Mensch zieht voreilig, innerhalb weniger Sekunden, Rückschlüsse auf die Persönlichkeit seines Mitmenschen. In der Regel findet dieser Ersteindruck unter einer verstärkten Gefühlsbeteiligung statt, die insbesondere durch die äußeren Merkmale eines Menschen verursacht wird.
„Dicke sind gemütlich!“</td><td rowspan="2">Richten Sie Ihr Augenmerk auf die Regeln der Beobachtung!
Vermeiden Sie den Ersteindruck oder Vorurteile, indem Sie Ihren Mitarbeiter stets über einen langen Zeitraum in den unterschiedlichsten Situationen beobachten.
Halten Sie das beobachtete Verhalten des Mitarbeiters stets schriftlich fest!
Führen Sie Ihre Beobachtungsprotokolle kontinuierlich!</td></tr>
<tr><td>Vorurteile</td><td>Kein Mensch ist frei von Vorurteilen. Vorurteile verkörpern Verallgemeinerungen und stellen folglich nicht auf die individuelle Persönlichkeit des Beurteilten ab. Sie entstehen durch die Meinungsbildung Dritter, aufgrund vorangegangener Beurteilungen oder aufgrund der Zuordnung bestimmter Eigenschaften auf Mitarbeitergruppen, Abteilungen, Nationalitäten usw.
„Mitarbeiter in der Produktion sind weniger gebildet!“</td></tr>
<tr><td>Sympathie und Antipathie</td><td>Sympathie und Antipathie zählen zu den normalen Gefühlserscheinungen, die sich nicht per Knopfdruck ausschalten lassen. Sie beeinflussen die Beurteilung aus dem Unterbewußtsein heraus und führen zu einer unkontrollierbaren Beurteilungspraxis.</td><td>Stellen Sie fest, wer Ihnen aus welchem Grund sympathisch oder unsympathisch ist! Lassen Sie sich in Ihrem Urteil dadurch nicht beeinflussen!</td></tr>
<tr><td>Projektionsfehler</td><td>Der Beurteiler projiziert seine eigenen Fähigkeiten, Stärken oder Schwächen in den Mitarbeiter hinein. Er legt damit der Beurteilung seinen persönlichen Maßstab zugrunde. Der Beurteiler wird folglich den Mitarbeiter besser bewerten, dessen Eigenschaften seinen eigenen entsprechen.</td><td>Werden Sie sich Ihrer eigenen Stärken und Schwächen bewußt! Suchen Sie diese nicht beim Mitarbeiter!</td></tr>
<tr><td>Bezugspersonen-Effekt</td><td>Der Beurteiler übernimmt die Beurteilung seines Vorgesetzten. Er orientiert seine Beurteilung bewußt oder unbewußt nach der Einstellung seines Vorgesetzten und verfälscht somit sein eigenes Urteil.</td><td>Analysieren Sie den Führungsstil Ihres Vorgesetzten und das Klima in Ihrer Abteilung!</td></tr>
</table>

Wahrnehmungsverzerrungen entstehen bei der Informationsaufnahme und Informationsverarbeitung durch den Beurteiler:

Fehler	Eigenschaft	Tip
Überstrahlungs-Effekt (Halo-Effekt)	Der Beurteiler bewertet einen Mitarbeiter hinsichtlich **eines** Merkmals besonders positiv oder besonders negativ und zieht aufgrund dieser Einzelbewertung den Rückschluß auf das Gesamtbild des Mitarbeiters. Diese Gefahr tritt insbesondere dann auf, wenn der Mitarbeiter über stark ausgeprägte Eigenschaften verfügt.	Bewerten Sie alle Mitarbeiter zuerst hinsichtlich des ersten Beurteilungskriteriums, dann hinsichtlich des zweiten Beurteilungskriteriums usw.
Recency-Effekt und Nikolaus-Effekt	Der Beurteiler legt seinem Urteil die erst kürzlich erbrachte Leistung des Mitarbeiters zugrunde. Damit wird die während der gesamten Beurteilungsperiode erbrachte Leistung unterbewertet. Leistungssteigerungen und Verhaltensänderungen der Mitarbeiter gegen Ende der Beurteilungsperiode sind mögliche Konsequenzen, die ihrerseits zu einer Überbewertung der Leistung eines Mitarbeiters führen.	Beobachten Sie Ihre Mitarbeiter regelmäßig und fortlaufend während der gesamten Beurteilungsperiode! Folgen Sie den Regeln der Beobachtung und halten Sie das beobachtete Verhalten schriftlich fest!
Kleber-Effekt	Der Beurteiler orientiert seine Beurteilung an der bisherigen Laufbahn des Mitarbeiters und „klebt" folglich an vorangegangenen Beurteilungen.	Machen Sie sich stets Ihr eigenes Bild von der Leistung und dem Verhalten eines Mitarbeiters.
Hierarchie-Effekt	Der Beurteiler bewertet Mitarbeiter der höheren Hierarchieebenen tendenziell besser als Mitarbeiter unterer Hierarchieebenen. *„Es gibt sowohl gute Arbeiter als auch schlechte Prokuristen."* Akademische Titel oder andere Auszeichnungen können ähnliche Konsequenzen nach sich ziehen.	Werden Sie sich bewußt, daß die erbrachte Leistung eines Mitarbeiters nicht in unmittelbarem Zusammenhang zu seiner Hierarchieebene steht.
Selektive Wahrnehmung (Einzelvorfälle)	Der Beurteiler nimmt nur einen Teil der Geschehnisse wahr. Er bewertet einzelne Vorfälle, ob positiv oder negativ, in seiner Beurteilung mit größerem Gewicht.	Berücksichtigen Sie positive wie negative Eigenschaften gleichermaßen und halten Sie diese schriftlich auf dem Beobachtungsprotokoll fest.

Beurteilungsverfälschungen entstehen, wenn der Beurteiler bewußt sein Urteil manipuliert. Mögliche Ansatzpunkte für solche Beurteilungsverfälschungen sind:

- Der Beurteiler hat die Absicht, einen Mitarbeiter aufgrund gemeinsamer Interessen zu begünstigen oder wegen persönlicher Schwierigkeiten zu benachteiligen.
- Der Beurteiler verwehrt einem Mitarbeiter vorsätzlich die Möglichkeit der beruflichen Weiterentwicklung, damit er der Abteilung erhalten bleibt.
- Der Beurteiler beabsichtigt, einen Mitarbeiter für eine andere vakante Stelle „wegzuloben“, um seine eigene Position nicht zu gefährden.
- Der Beurteiler hat die Absicht, dem Image eines „guten“ Vorgesetzten gerecht zu werden.
- Der Beurteiler hat Angst vor den möglichen Konsequenzen, die aus der Beurteilung resultieren. Er scheut schlechte Beurteilungen, um Mitarbeiter nicht zu demotivieren, und neigt absichtlich zu ausgewogenen Beurteilungen, um eine möglichst konfliktfreie Atmosphäre zu schaffen.

Der Experte rät: ***Sie vermeiden Beurteilungsverfälschungen weitestgehend, indem Sie dem Mitarbeiter Offenheit entgegenbringen. Ein intensiver Informationsaustausch ist die Grundlage einer vertrauensvollen Zusammenarbeit und folglich einer gerechten Beurteilung.***

Fehlerhafte Beurteilungsverfahren stellen eine weitere mögliche Fehlerquelle dar. Mögliche Ursachen sind z. B. die Auswahl der „falschen“ Beurteilungskriterien oder schwerwiegende Fehler bei der Einführung des Verfahrens.

Auch **das soziale Umfeld** kann sowohl den Beurteiler als auch den Beurteilten nachhaltig beeinflussen. Private Umstände und betriebliche Faktoren können Verhaltensänderungen hervorrufen, die sich ihrerseits auf die Leistungsbereitschaft und folglich auf das Leistungsergebnis des Mitarbeiters auswirken.

Der Experte rät: ***Werden Sie sich darüber bewußt, inwieweit Sie durch private oder betriebliche Umstände beeinflußt werden. Informieren Sie sich zusätzlich auch über das soziale Umfeld des Mitarbeiters!***

Wie können Sie **Beurteilungsfehler weitgehend vermeiden**? Die Kenntnis möglicher Fehlerquellen als Hilfe zur Fehlerminimierung wurde schon genannt. Eine weitere Möglichkeit ist die Überprüfung der Beurteilung mit Hilfe der Gauß'schen Normalverteilung.

Der Gauß'schen Normalverteilung liegt die Annahme zugrunde, daß viele Menschen durchschnittlich begabt oder befähigt sind, jedoch nur wenige extrem gute oder extrem schlechte Fähigkeiten besitzen. Folglich müssen sich auch die Beurteilungsergebnisse entsprechend einer Normalverteilung verhalten. Bei einer größeren Anzahl von Mitarbeitern werden viele Mitarbeiter durchschnittlich eingestuft (anhand von mittleren Skalenstufen), aber nur wenige werden extrem positiv oder extrem negativ bewertet. Ziel der Mitarbeiterbeurteilung ist es, auf die natürliche Verteilung der arbeitsplatzbezogenen Fähigkeiten abzustellen und diese in der Beurteilung wiederzugeben. Je objektiver ein Vorgesetzter beurteilt, um so stärker nähern sich seine Beurteilungsergebnisse der Gauß'schen Normalverteilung.

Der Experte rät: ***Überprüfen Sie bei einer größeren Anzahl von Beurteilungen, ob die Werte der durchgeführten Beurteilungen die Gauß'sche Normalverteilung ergeben! Ermitteln Sie, was für ein Beurteilertyp Sie sind und überprüfen Sie ggf. Ihre Beurteilungen.***
Die „Tendenz zur Mitte" vermeiden Sie durch das Rangordnungsverfahren, welches den Beurteiler veranlaßt, eine Differenzierung des Mittelfeldes vorzunehmen.

Beurteilertypen		
Beurteilertyp		**Beurteilungstendenz**
Der **objektive Beurteiler** erfaßt unter Berücksichtigung der Anforderungen des Arbeitsplatzes das Leistungsergebnis und Leistungsverhalten der Mitarbeiter. Er bewertet fair und scheut nicht die Anwendung von Extremwerten. Seine Beurteilungen entsprechen der Gauß'schen Normalverteilung.	➡	Objektive Beurteilung 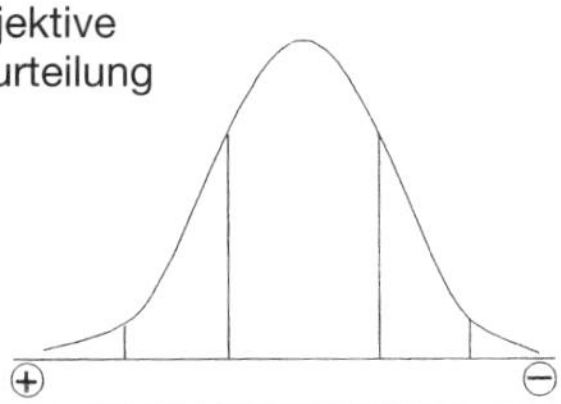
Der **nachsichtige Beurteiler** bewertet die Mitarbeiter eher zu positiv und hebt dadurch die Beurteilung bewußt oder unbewußt an. Er verwendet fast ausschließlich die oberen Skalenstufen. Möglicherweise setzt er die Anforderungen des Arbeitsplatzes zu niedrig an oder ihm fehlt der Mut, schwächere Mitarbeiter auch schlechter zu beurteilen. Die Verteilungskurve rutscht ins Positive ab.	➡	Tendenz zur Milde 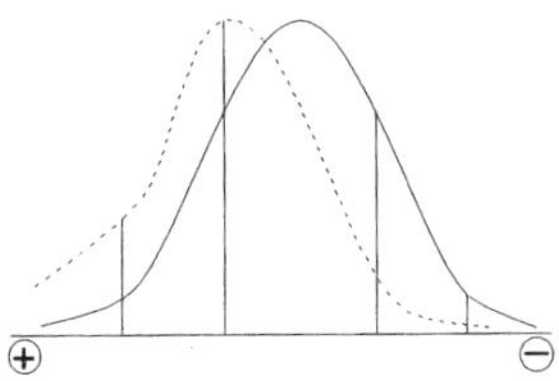

Beurteilertyp		Beurteilungstendenz
Der **strenge Beurteiler** verwendet in der Beurteilung seiner Mitarbeiter fast ausschließlich die negativen Skalenstufen. Er betrachtet gute Leistungen als selbstverständlich, nimmt sich selbst als Maßstab. Charakteristisch für ihn ist, gute Leistung als durchschnittlich einzustufen. Ergebnis ist eine Verschiebung der Verteilungskurve zum Negativen.	➡	Tendenz zur Strenge 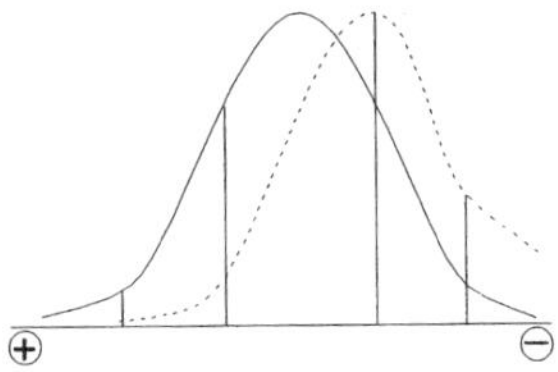
Der **vorsichtige Beurteiler** stuft die Mitarbeiter überwiegend im Mittelfeld der Bewertungsskala ein. Er besitzt nicht den notwendigen Mut, sich eindeutig festzulegen. Das Ergebnis ist eine zu steile Verteilungskurve.	➡	Tendenz zur Mitte 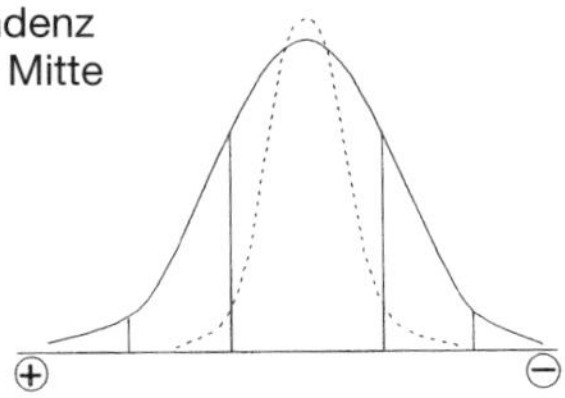

4.7 Anforderungen an die Mitarbeiterbeurteilung

Die Einführung einer systematischen Mitarbeiterbeurteilung birgt Chancen und Risiken in sich. Die Beurteilten empfinden die Beurteilung häufig eher als Bedrohung statt als Unterstützung. So ist gelegentlich die Befürchtung zu hören, daß eine einmalige Fehlleistung dauerhaft festgeschrieben wird.

Die Beurteiler sehen in der Durchführung der Mitarbeiterbeurteilung in erster Linie einen erheblichen zeitlichen Mehraufwand auf sich zukommen. Auch die Furcht, die Ergebnisse der Beurteilung in einem Gespräch mit dem Mitarbeiter vertreten zu müssen, kann zu Ablehnung führen. Die Mitarbeiterbeurteilung wird nur erfolgreich sein, wenn die folgenden Anforderungen erfüllt sind.

▶ Akzeptanz

Die Akzeptanz eines Beurteilungssystems gilt als eine der wichtigsten Erfolgsvoraussetzungen. Sie ist unbedingt erforderlich, wenn die Mitarbeiterbeurteilung zur Leistungssteigerung und Förderung der Mitarbeiter beitragen soll.

Der Experte rät:

- ***Informieren Sie alle Beteiligten über das geplante Vorhaben, bevor die Mitarbeiterbeurteilung zentrales Thema der „Gerüchteküche" ist!***
- ***Beteiligen Sie Beurteiler, Beurteilte und den Betriebsrat aktiv an der Entwicklung allgemeiner Beurteilungsgrundsätze!***
- ***Informieren Sie vor dem erstmaligen Einsatz bereits über Ziele, Inhalte und Ablauf des Verfahrens!***

Praktikabilität

Die Akzeptanz stellt noch keine Garantie für den Erfolg der Mitarbeiterbeurteilung in der Praxis dar. Aufwand und Nutzen müssen in einem vertretbaren Verhältnis zueinander stehen. Aus den Einwänden der Beteiligten ergeben sich zusätzlich die in der folgende Checkliste enthaltenen Punkte, die über das Funktionieren oder Scheitern des Systems entscheiden.

Checkliste: **Voraussetzungen für die Praktikabilität der Mitarbeiterbeurteilung**	**Ja**	**Nein**
• Ist das Verfahren für alle Beteiligten verständlich?	❑	❑
• Sind die Beurteilungskriterien eindeutig formuliert?	❑	❑
• Ist die Anwenderfreundlichkeit durch verständliche Formulare und Handanweisungen sichergestellt?	❑	❑
• Ist die Zahl der Beurteilungskriterien auf ein erträgliches „Muß" reduziert?	❑	❑
• Kann das Verfahren ohne psychologische Fachkenntnisse der Beurteiler angewendet werden?	❑	❑
• Stimmen das Konzept der Beurteilung und die Hauptzielsetzung überein?	❑	❑

Die konkrete Ausgestaltung von Mitarbeiterbeurteilungssystemen wird maßgeblich durch ihre Zielsetzung bestimmt:

- Werden die Ergebnisse der Mitarbeiterbeurteilung primär als Basis für eine leistungsbezogene Lohn- und Gehaltsfindung herangezogen, so kommen der objektiven Vergleichbarkeit unter den Beurteilungen und der Verwendung einheitlicher Bewertungsmaßstäbe besondere Bedeutung zu. Wesentliche Voraussetzung ist die Festlegung einer standardisierten Beurteilungsmethode.
- Besteht die Zielsetzung der Mitarbeiterbeurteilung hingegen eher in der Förderung und Entwicklung der Mitarbeiter, sollten zumindest im Bereich der Potentialbeurteilung Abweichungen von der standardisierten Beurteilung möglich sein. Die Mitarbeiterbeurteilung zielt in solchen Fällen auf eine individuelle Beratung des Mitarbeiters durch den Vorgesetzten.

► Schulung

An den Beurteiler werden hohe Anforderungen gestellt, aus denen sich eine Reihe von Qualifizierungsmaßnahmen ableiten. Die Bedeutung des Beurteilertrainings wird in der Praxis häufig unterschätzt. Ein kurzes „Einmaltraining" ist der Komplexität des Verfahrens nicht angemessen.

Aus betrieblicher Sicht erzielen Sie dann die größten Lerneffekte, wenn Sie die Beurteilerschulung in kleineren, regelmäßig stattfindenden Trainingseinheiten durchführen. Besonders bewährt hat sich ein modularer Trainingsaufbau, der den Teilnehmern Gelegenheit gibt, bereits zwischen den Trainingseinheiten das Gelernte in die Praxis umzusetzen. Praktische Erfahrungen können schon in den nachfolgenden Trainingseinheiten aufgearbeitet werden. Ein regelmäßig durchgeführter Erfahrungsaustausch bietet die Möglichkeit,

- das Rollenverständnis der Beurteiler zu überprüfen,
- die Akzeptanz des Instruments weiter zu sichern oder
- weiteren Trainingsbedarf gezielt abzuleiten.

Qualifizierung von Beurteilern

Anforderungen an den Beurteiler

- Der Beurteiler steht in ständigem Kontakt zum Beurteilten.
- Der Beurteiler kennt die gegenwärtigen Anforderungen des Arbeitsplatzes.
- Der Beurteiler kennt das soziale Gefüge des Beurteilten.
- Der Beurteiler legt seinem Urteil tatsächlich beobachtete Verhaltensweisen zugrunde.
- Der Beurteiler ist sich der Vielzahl möglicher Beurteilungsfehler bewußt.
- Der Beurteiler beschränkt sich auf die Beurteilung der Leistung und des Verhaltens, nicht auf die Beurteilung der Persönlichkeit.

↓

Qualifizierung von Beurteilern

• Allgemeine Grundlagen des Beurteilens – Beobachterschulung zur Verbesserung der Wahrnehmungsfähigkeit – Handhabung von Beobachtungsprotokollen	• Training, Rollenspiele
• Einführung in das konkrete betriebliche Beurteilungsverfahren – Kenntnis der Zielsetzungen, des Nutzens und der Gefahren von Mitarbeiterbeurteilung – Verständnis der Beurteilungskriterien (Definition, Konkretisierung, Interpretation) – Bewertungsmaßstab (anhand von Stellenbeschreibungen und Anforderungsprofilen) – Anwendung von Bewertungsskalen	• Training, Kleingruppenarbeit
• Beurteilungsfehler – Ursachen und Auswirkungen von Beurteilungsfehlern – Vermeidung von Beurteilungsfehlern	• Training, Einzelfallstudie
• Beurteilungsgespräch – Techniken der Gesprächsvorbereitung – Techniken der Gesprächsführung – Aufbau eines Beurteilungsgesprächs – Schwierige Gesprächssituationen – Problemlösungstechniken – Konfliktmanagement (Konflikte erkennen und bewältigen)	• Training, Einzelfallstudie, Rollenspiele
• Ständiger Erfahrungsaustausch zur Auf- und Nachbereitung der Trainingseinheiten	• Workshop

► Objektivität

Die Forderung nach Objektivität richtet sich insbesondere an die Person des Beurteilers. Subjektive Wahrnehmungsprozesse des Beurteilers können im Beurteilungsprozeß nicht ausgeschaltet werden. Individuelle Einstellungen, Erwartungen, Emotionen, Motive und Stimmungen des Beurteilers bewerten die aufgenommenen Informationen und beeinflussen das Urteil maßgeblich. Dies bedeutet, daß in der Praxis nie ein völlig objektives Urteil erreicht werden kann. Der Beurteiler kann unter den folgenden Voraussetzungen immer nur eine Annäherung an ein objektives Urteil erzielen:

- Er vermeidet unkontrollierbare Einflüsse, z. B. Zeitdruck, erregte Stimmung usw.
- Er bereitet sich sorgfältig auf das Beurteilungsgespräch vor, d. h., er ist in der Lage, das Urteil anhand von Fakten zu begründen.
- Er ist sich der Beurteilungsfehler bewußt und arbeitet aktiv an der Verbesserung seiner eigenen Urteilsfähigkeit.
- Er steigert die Quantität und Qualität seiner Einzelbeobachtungen.
- Er trifft keine voreiligen Urteile.
- Er korrigiert im Bedarfsfall ein getroffenes Urteil.

Wichtig: Die Anwendung von Beurteilungsformularen steigert in erheblichem Maße die Objektivität der Beurteilung!

4.8 Einführung der Mitarbeiterbeurteilung

Der Art und Weise, wie ein Mitarbeiterbeurteilungssystem als Instrument der Personalführung im Unternehmen eingeführt wird, kommt eine entscheidende Bedeutung zu. Wesentliche Voraussetzung für den Erfolg einer Mitarbeiterbeurteilung ist ein offenes Betriebsklima, das dazu beiträgt, die Angst sowohl beim Beurteiler als auch beim Beurteilten zu reduzieren. Der offene und intensive Informationsaustausch sowie eine vertrauensvolle Zusammenarbeit fördern die positive Erwartungshaltung bei den Vorgesetzten und Mitarbeitern.

Die Einführung der Mitarbeiterbeurteilung erfordert eine Vielzahl unterschiedlicher Aktivitäten. Nachfolgende Checkliste verdeutlicht anhand von fünf Stadien die jeweils notwendigen Maßnahmen. Die begleitenden Aktionen, die insbesondere auf die Transparenz und Praktikabilität des Verfahrens zielen, werden gesondert ausgewiesen nach dem Motto „Betroffene zu Beteiligten machen“.

Checkliste: **Einführung der Mitarbeiterbeurteilung** ✔

Stadium	**Maßnahmen**	**Begleitende Aktionen**
Konzeption	❑ Berücksichtigen Sie die Unternehmensziele! ❑ Ermitteln Sie das Betriebsklima und den praktizierten Führungsstil im Unternehmen! ❑ Stimmen Sie die Beurteilungsziele mit den Unternehmenszielen ab! ❑ Bilden Sie sich einen Überblick über die im Unternehmen bereits existierenden personalwirtschaftlichen Instrumente!	❑ Beziehen Sie Vorgesetzte, Mitarbeiter und Betriebsrat von Anfang an mit ein zur Sicherung der Akzeptanz!
Entwicklung	❑ Definieren Sie die Zielgruppe der Beurteiler und Beurteilten! ❑ Legen Sie das Beurteilungsverfahren fest! ❑ Bestimmen Sie die Bezugsbasis der Beurteilung! ❑ Gestalten Sie die erforderlichen Formulare! ❑ Legen Sie die „Spielregeln“ des Beurteilungsverfahrens fest! (Vorgehensweise, Terminierung, Beurteilungsgespräche) ❑ Erstellen Sie ein Konzept zur Auswertung der Ergebnisse! ❑ Schließen Sie eine Betriebsvereinbarung ab!	❑ Bilden Sie eine Projektgruppe, die sich aus Vorgesetzten, Mitarbeitern und Vertretern des Betriebsrates zusammensetzt. ❑ Binden Sie diese aktiv in die Ausgestaltung des Beurteilungsverfahren mit ein. ❑ Starten Sie mit den Schulungen für die Beurteiler! ❑ Informieren Sie die Mitarbeiter über den aktuellen Stand!
Durchführung	❑ Benennen Sie konkrete Ansprechpartner zur Beantwortung von Fragen!	❑ Sichern Sie im Rahmen eines Workshops den Erfahrungsaustausch der Beurteiler!

Stadium	Maßnahmen	Begleitende Aktionen
Auswertung	❑ Überprüfen Sie die Beurteilungen inhaltlich! ❑ Stellen Sie fest, ob die Zielsetzungen des Verfahrens erreicht wurden! ❑ Eruieren Sie ggf. Beurteilungsfehler! ❑ Stellen Sie fest, ob Korrekturmaßnahmen erforderlich sind! ❑ Werten Sie die Beurteilungen aus!	❑ Informieren Sie Vorgesetzte, Mitarbeiter und Betriebsrat über das Ergebnis!
Maßnahmen	❑ Leiten Sie Maßnahmen ein, die in unmittelbarem Zusammenhang zu den Beurteilungen stehen, z. B. – „job rotation" – Versetzung – Beförderung – Schulungsmaßnahmen – Verbesserung des Arbeitsplatzes – Verbesserung von Arbeitsabläufen ❑ Überprüfen Sie die Einhaltung der Maßnahmen!	❑ Informieren Sie Vorgesetzte, Mitarbeiter und Betriebsrat über die Einleitung von Maßnahmen!

5 Rechtliche Aspekte

Die Notwendigkeit der Mitarbeiterbeurteilung hat auch der Gesetzgeber erkannt. Der Arbeitgeber hat nach § 81 Absatz 1 BetrVG den Arbeitnehmer über dessen Aufgabe und Verantwortung sowie über die Art seiner Tätigkeit und ihre Einordnung in den Arbeitsablauf des Unternehmens zu unterrichten. Außerdem muß der Arbeitnehmer vor Beginn seiner Beschäftigung über die Unfall- und Gesundheitsgefahren belehrt werden.

Diese Pflichten werden im Vorstellungs- und Einführungsgespräch sowie vielfach in einem speziellen Sicherheitsgespräch wahrgenommen.

Darüber hinaus kann der Arbeitnehmer nach § 82 Absatz 2 BetrVG verlangen, daß ihm die Berechnung und Zusammensetzung seines Arbeitsentgelts erläutert und daß mit ihm die Beurteilungen seiner Leistungen sowie die Möglichkeiten seiner beruflichen Entwicklung im Betrieb erörtert werden. Er kann zur Erörterung seiner Beurteilung ein **Mitglied des Betriebsrates hinzuziehen**. Das Mitglied des Betriebsrates unterliegt, was den Inhalt der Beurteilung betrifft, absoluter Schweigepflicht, es sei denn, der betroffene Mitarbeiter entbindet ihn von dieser Verpflichtung. Diese Rechtsvorschrift besagt, daß auch dann, wenn kein formelles Beurteilungsverfahren im Unternehmen existiert, der Mitarbeiter das Recht hat, eine Beurteilung seiner Leistung zu verlangen.

In der betrieblichen Praxis stellt die Einbindung eines Mitglieds des Betriebsrates in das Beurteilungsgespräch eher die Ausnahme dar. Die Beurteilung von Leistung und Verhalten greift doch tief in die Privatsphäre des Einzelnen und wird daher nicht ohne zwingenden Grund einem Dritten zugänglich gemacht. Ein solcher Grund kann z. B. ein nachhaltig gestörtes Vertrauensverhältnis zwischen Vorgesetztem und Mitarbeiter sein.

Nach § 83 Absatz 1 BetrVG haben die Arbeitnehmer das Recht, ihre **Personalakte einzusehen**. Diese enthält in der Regel auch die Aufzeichnungen der Mitarbeiterbeurteilung. Alleine diese Rechtsvorschrift begründet die Offenheit und Transparenz eines Beurteilungsverfahrens.

Die §§ 84–86 BetrVG regeln das **Beschwerderecht des Arbeitnehmers**. Fühlt sich der Arbeitnehmer vom Arbeitgeber oder von Arbeitnehmern des Betriebes benachteiligt oder ungerecht behandelt oder in sonstiger Weise beeinträchtigt, so hat er das Recht, sich bei den zuständigen Stellen des Betriebes zu beschweren. Auch in dieser Situation hat er das Recht, ein Mitglied des Betriebsrates hinzuzuziehen. Die Beschwerde darf keine Nachteile für den Arbeitnehmer nach sich ziehen. Kommt eine

Übersicht: Was eine Betriebsvereinbarung regeln sollte
• Sinn und Zweck der Mitarbeiterbeurteilung ________
• Zielsetzung und Umfang der Mitarbeiterbeurteilung ________
• Zielgruppe der Mitarbeiterbeurteilung
– Personengruppe der Beurteiler ________
– Personengruppe der Beurteilten ________
• Behandlung von älteren Mitarbeitern ________
• Beurteilungszeitraum ________
• Beurteilungszeitpunkt ________
• Beurteilungskriterien ________
• Beurteilungsmaßstab ________
• Beurteilungsgespräch ________
• Schulung der Beurteiler ________
• Aufbewahrung der Beurteilungsergebnisse ________
• Einsichtnahme des Betriebsrates in die Beurteilungsunterlagen ________
• Klärung strittiger Fragen ________
• Verbot der Benachteiligung ________
• Dauer der Betriebsvereinbarung ________
• Kündigungsfrist des Beurteilungsverfahrens ________

Einigung zwischen Betriebsrat und Arbeitgeber nicht zustande, so kann der Betriebsrat die Einigungsstelle anrufen. Tarifvertrag oder Betriebsvereinbarung können ergänzende Vereinbarungen über die Einzelheiten des Beschwerdeverfahrens regeln.

Der Arbeitgeber ist grundsätzlich in seiner Entscheidung hinsichtlich der Einführung eines Beurteilungsverfahrens frei, sofern das Beurteilungsverfahren nicht bereits tarifvertraglich vereinbart wurde. Auch der Betriebsrat kann die Einführung allgemeiner Beurteilungsgrundsätze nicht vom Arbeitgeber verlangen. Wenn sich der Arbeitgeber jedoch für die

Einführung entscheidet, hat der Betriebsrat gemäß § 94 Abs. 2 BetrVG ein Mitbestimmungsrecht bei der Aufstellung allgemeiner Beurteilungsgrundsätze. Er kann diese auch verhindern, wenn keine Einigung hinsichtlich ihrer inhaltlichen Ausgestaltung zustande kommt. Es empfiehlt sich daher die frühzeitige Beteiligung des Betriebsrates bei der Einführung eines Beurteilungsverfahrens.

In der Regel werden Arbeitgeber und Betriebsrat über die Einführung eines Beurteilungsverfahrens eine **Betriebsvereinbarung** abschließen, in der die Verfahrensrichtlinien zu den wichtigsten Punkten festgelegt sind. Die vorstehende Übersicht enthält die möglichen Inhalte einer Betriebsvereinbarung.

Nachfolgend ist ein Beispiel für eine Betriebsvereinbarung abgedruckt. Die darin erwähnten Anlagen wurden bereits im Kapitel Beurteilungsbogen dargestellt.

Betriebsvereinbarung Nr. ... /Jahr

Zwischen dem (Arbeitgeber) ______________________________

und der ____

______________________________ *(Arbeitnehmervertretung)*

wird über die Einführung einer standardisierten Mitarbeiterbeurteilung (Leistungsverhalten, Potentialeinschätzung, Zielvereinbarungen) folgende Betriebsvereinbarung abgeschlossen:

§ 1 Geltungsbereich

Diese Betriebsvereinbarung gilt für alle Mitarbeiterinnen und Mitarbeiter im Angestelltenverhältnis am (Standort), sofern sie nicht leitende Angestellte sind. Sie gilt nicht für Auszubildende und befristet Beschäftigte.

§ 2 Grundsatz

(1) Die Mitarbeiterbeurteilung dient dem Ziel, den Mitarbeitern in periodischen Abständen (§ 4 Absatz 1) eine Standortbestimmung über ihre Leistung und ihre Entwicklungschancen im Unternehmen zu ermöglichen sowie konkrete Zielvereinbarungen mit ihrem Vorgesetzten zu treffen.

(2) Demgemäß erstreckt sich die Mitarbeiterbeurteilung auf

- *das Leistungsverhalten,*
- *die Potentialeinschätzung,*
- *den Abschluß von Zielvereinbarungen*

nach Maßgabe der nachfolgenden Regelungen.

§ 3 Gesprächsgrundlage

(1) Die Mitarbeiterbeurteilung erfolgt auf der Grundlage des Formblattes gemäß Anlage 1, das vom Vorgesetzten und Mitarbeiter gemeinsam ausgefüllt wird.

(2) Die Beurteilungsmerkmale zum Leistungsverhalten können unter Heranziehung aufgabenbezogener Hilfskriterien entsprechend Anlage 2 spezifiziert werden. Richtschnur hierfür bilden die Erläuterungen nach Anlage 3.

(3) Zur Vorbereitung auf das Gespräch erhält der Mitarbeiter von seinem Vorgesetzten spätestens eine Woche vor dem Gesprächstermin das Formular nach Anlage 4 ausgehändigt. Auf ihm hat der Mitarbeiter Gelegenheit, im Wege der Selbsteinschätzung sein Leistungsverhalten zu beurteilen.

(4) Können sich Vorgesetzter und Mitarbeiter nicht auf eine gemeinsame Beurteilung einigen, so werden die divergierenden Auffassungen in der Weise zum Ausdruck gebracht, daß der Vorgesetzte seine Einschätzung in dem betreffenden Beurteilungsmerkmal durch ein „V“, der Mitarbeiter sein Votum durch ein „M“ kennzeichnet. Im übrigen ist die entsprechende Ziffer des Ausprägungsgrades anzukreuzen.

(5) Die Anlagen 1 bis 4 sind Gegenstand dieser Betriebsvereinbarung.

§ 4 Verfahrensweise

(1) Die Mitarbeiterbeurteilung wird für jeden Mitarbeiter erstmals innerhalb des ersten Halbjahres 19xx durchgeführt. Sie wird wiederholt

- *alle zwei Jahre, für Mitarbeiter bis zum vollendeten zehnten Beschäftigungsjahr,*
- *alle drei Jahre, für Mitarbeiter bis zum vollendeten zwanzigsten Beschäftigungsjahr.*

Bei Neueintritten findet die Mitarbeiterbeurteilung erstmals nach Ablauf des ersten Beschäftigungsjahres statt.

(2) Abweichend von Absatz 1 kann der Mitarbeiter die Durchführung einer Mitarbeiterbeurteilung dann verlangen, wenn die Voraussetzungen vorliegen, unter welchen er Anspruch auf ein Zwischenzeugnis hat.

(3) Das Beurteilungsgespräch führt der unmittelbare disziplinarische Vorgesetzte. Der Fachvorgesetzte kann, sofern Mitarbeiter und Vorgesetzter dies für sachdienlich halten, beratend hinzugezogen werden.

(4) Auf Wunsch des Mitarbeiters findet das Gespräch in Anwesenheit eines Betriebsratsmitgliedes statt.

(5) Im Falles des § 3 Absatz 4 Satz 1 kann die Personalabteilung vermittelnd eingeschaltet werden. Absatz 3 gilt entsprechend.

§ 5 Auswertung

(1) Die Auswertung erfolgt durch die Personalabteilung. Sie dient ausschließlich der

- *Festlegung des Leistungsstandes,*
- *Einleitung von Personalentwicklungs- und Weiterbildungsmaßnahmen,*
- *Überwachung der Einhaltung von Zielvereinbarungen.*

(2) Der Vorgesetzte benutzt das ausgefüllte Gesprächsformular ausschließlich zum

- *Vergleich mit früheren Gesprächsergebnissen,*
- *Nachhalten der Zielvereinbarungen.*

§ 6 Datenschutz

Das ausgefüllte Beurteilungsformular unterliegt dem Datenschutz. Das Original ist für die Personalakte, die Kopie für die Unterlagen des Vorgesetzten bestimmt. Eine weitere Kopie erhält der Mitarbeiter, sofern er dies wünscht.

§ 7 Benachteiligungsverbot

Personalabteilung und Betriebsrat wachen darüber, daß dem Mitarbeiter aus seinen Angaben keine Nachteile erwachsen.

§ 8 Geltungsdauer

Diese Betriebsvereinbarung löst die geltende Betriebsvereinbarung Nr. xx/Jahr ab. Sie tritt am ... in Kraft. Sie kann von beiden Seiten mit einer Frist von drei Monaten zum Ende eines Quartals gekündigt werden.

____

Ort, Datum

______________________________	______________________________
(Unterschrift) *(Arbeitgeber)*	*(Unterschrift)* *(Arbeitnehmervertretung)*

Gesamtstichwortverzeichnis

Anhang

Übersicht: Organisatorische Gesprächsvorbereitung

- Wann findet das Gespräch statt? ____________________
- Wurde genügend Zeit eingeplant? ____________________
- Wo findet das Gespräch statt? ____________________
- Wurde (falls nötig) ein Besprechungsraum gebucht? __________
- Ist der Besprechungsraum vorbereitet? ____________________
- Sind Störungen ausgeschlossen? ____________________
- Wurde der Mitarbeiter rechtzeitig informiert über
  - Termin und Ort, ____________________
  - Gesprächsinhalt, ____________________
  - notwendige Vorbereitungen? ____________________
- Sind alle benötigten Unterlagen vorbereitet? ____________________
- Stehen die notwendigen Hilfsmittel zur Verfügung (z. B. Visualisierungshilfen, Block)? ____________________
- Bestehen faire Sitzverhältnisse? ____________________
- Steht eine Bewirtung bereit? ____________________
- Gibt es weitere Gesprächsteilnehmer? ____________________
  - Sind diese über Zeitpunkt, Ort und Inhalt des Gesprächs informiert? ____________________
  - Wer übernimmt welchen Gesprächsteil? ____________________

Übersicht: Inhaltliche Gesprächsvorbereitung
• Um was geht es (Gesprächsthema, -anlaß)? ____________________ ____________________
• Verfüge ich über ausreichend Informationen zum Gesprächsgegenstand? ____________________ ____________________
• Notieren Sie sich alle Themen, die Sie im Gespräch ansprechen wollen. ____________________ ____________________
• Welches Gesprächsziel wird verfolgt? ____________________ ____________________
• Gibt es neben dem Hauptziel noch Teilziele oder Alternativziele, falls das Hauptziel nicht erreicht werden kann? ____________________ ____________________
• Wie argumentiere ich, um mein Ziel zu erreichen? ____________________ ____________________
• Mit welchen Einwendungen ist zu rechnen? ____________________ ____________________
• Wie gliedere ich das Gespräch? ____________________ ____________________
• Machen Sie sich vor dem Gespräch nochmals mit den für den Gesprächsanlaß relevanten Fakten vertraut. ____________________ ____________________

Übersicht: Vorbereitung auf den Gesprächspartner

- Welche Einstellung habe ich zum Gesprächspartner (Vorurteile, Sympathie, Antipathie ...)? ______

  ______

- Wie schätze ich unsere Beziehung zueinander ein – auch aus seiner Sicht? ______

  ______

- Wie verliefen frühere Gespräche mit diesem Mitarbeiter? ______

  ______

- Was weiß ich über diesen Mitarbeiter (persönliche Situation, Gemeinsamkeiten, Hobby, Lieblingsthemen, Eigenarten ...)? ______

  ______

- Welche Ziele und Motive verfolgt der Mitarbeiter? ______

  ______

- Welche Taktik wird er im Gespräch vermutlich anwenden? ______

  ______

- Bei welchen Aspekten ist mit Zustimmung zu rechnen, wann mit Einwendungen? ______

  ______

- Was kann ich tun, wenn das Gespräch zu emotional wird? ______

  ______

Leitfaden für ein Mitarbeitergespräch

- **Einleitung**
  - Höflichkeit und Freundlichkeit sind – unabhängig vom Gesprächsanlaß – Grundvoraussetzungen eines jeden Gespräches.
  - Gehen Sie auf den Mitarbeiter zu, begrüßen Sie ihn und danken Sie ihm für sein Kommen.
  - Setzen Sie sich mit ihm an einen geeigneten Tisch und unterstreichen Sie so die Bedeutung des Gesprächs.
  - Überprüfen Sie, ob der Mitarbeiter „gedanklich anwesend" ist.
  - Stellen Sie einen persönlichen Kontakt her und tragen Sie so zu einem positiven und offenen Gesprächsklima bei.

- **Darstellung des Gesprächsanlasses**
  - Umreißen Sie den Gesprächsanlaß und die Gesprächsziele.
  - Stellen Sie dar, wie Sie im Gespräch vorgehen werden.
  - Nennen Sie den Zeitrahmen.

- **Die Sichtweise des Mitarbeiters**
  - Idealerweise haben Sie den Mitarbeiter bei der Vereinbarung des Gesprächstermins veranlaßt, sich selbst vorzubereiten.
  - An dieser Stelle geben Sie ihm zunächst Gelegenheit, seine Sichtweise darzustellen.
  - Unterbrechen Sie ihn in diesem Gesprächsabschnitt nicht, sondern machen Sie sich Notizen zu Punkten, auf die Sie später eingehen wollen.

- **Ihre eigene Sichtweise**
  - Fragen Sie jedoch nach, wenn Sie etwas nicht verstanden haben.
  - Stellen Sie nun Ihre eigene Meinung dar, indem Sie seine Ausführungen bestätigen, korrigieren oder weiterführen.

- **Frustrationen abbauen**
  - Geben Sie dem Mitarbeiter Gelegenheit, seinen Gefühlen unumwunden Luft zu machen.
  - Achten Sie an dieser Stelle nicht auf Sachlichkeit, sondern akzeptieren Sie die Emotionalität seiner Ausführungen.

- Kommentieren Sie diese Äußerungen nicht.
- Leiten Sie zum Kerngespräch über.

- **Das sachliche Kerngespräch**
  - Arbeiten Sie gemeinsam mit dem Mitarbeiter die Unterschiede in den einzelnen Sichtweisen heraus.
  - Suchen Sie gemeinsam nach Ursachen für diese unterschiedliche Betrachtungsweise.
  - Suchen Sie nach Lösungen, die für beide Gesprächspartner akzeptabel sind.
  - Seien Sie offen für die Sichtweise des Mitarbeiters, und versuchen Sie, diese nachzuvollziehen.
  - Reden Sie nicht um den „heißen Brei" herum, sondern bringen Sie Ihre eigene Meinung deutlich zum Ausdruck und beziehen Sie Stellung.
  - Seien Sie so flexibel, Ihre eigene Meinung zu ändern, wenn sich im Gespräch entsprechende Aspekte ergeben.
  - Fassen Sie zusammen und sichern Sie Zwischenergebnisse.
  - Behalten Sie das Gesprächsziel im Auge.

- **Abschluß des Gesprächs**
  - Fassen Sie alle wichtigen Punkte noch einmal kurz zusammen.
  - Vereinbaren Sie Ergebnisse und halten Sie diese schriftlich fest. (Wer macht was bis wann?)
  - Zeigen Sie noch einmal die Differenzen und die vereinbarten Kompromisse auf.

- **Gesprächsauswertung**
  - Welche Maßnahmen müssen Sie veranlassen?
  - Welche Gesprächsziele haben Sie erreicht?
  - Welche neuen Erkenntnisse haben Sie über Ihren Gesprächspartner gewonnen und was sollten Sie bei zukünftigen Gesprächen beachten?
  - Welches Bild hat der Gesprächspartner von Ihnen gewinnen können?
  - Haben Sie sich im Gespräch richtig verhalten, bzw. was würden Sie beim nächsten Mal anders machen?

Vorbereitung auf das Jahresgespräch – Fragenkatalog –

Als Vorbereitung auf das Jahresgespräch am ______ um ________ Uhr in ______________ bitte ich Sie, sich anhand der nachfolgenden Fragen Gedanken zu machen zu:

- Ihren Leistungen im vergangenen Jahr
- Ihrem Entwicklungsbedarf
- den Zielen für das nächste Jahr

Bitte geben Sie mir bis _________ eine Kopie der ausgefüllten Vorbereitungsunterlage.

Aufgaben:
- Beschreiben Sie die Hauptaufgaben des vergangenen Jahres.
- Welche zusätzlichen Aufgaben haben Sie im vergangenen Jahr neu übernommen?
- Welche dieser Aufgaben sind gut erledigt worden und warum?
- Welche dieser Aufgaben wurden nicht so gut erledigt und woran hat dies gelegen?
- Welche dieser Aufgaben machen Ihnen viel Spaß und welche bearbeiten Sie weniger gerne?

Stärken und Entwicklungsbedarf/äußere Faktoren:
- Welche Faktoren – persönlich und auch außerhalb der eigenen Person – haben Ihnen geholfen, gute Leistungen zu erzielen?
- Welche Faktoren – persönlich und auch außerhalb der eigenen Person – haben gute Leistungen behindert?
- Was macht Sie zufrieden und was erzeugt Frust?

Entwicklungsbedarf/Ziele für das nächste Jahr:
- Welche Ziele haben Sie sich für Ihre persönliche Entwicklung gesetzt und welche Maßnahmen sind zu deren Erreichung wichtig?
- Wo sehen Sie Veränderungen Ihres Aufgabenbereiches im kommenden Jahr und wo müssen deshalb Schwerpunkte gesetzt werden?
- In welchem Aufgabenbereich möchten Sie im nächsten Jahr Schwerpunkte setzen und warum?

Sonstiges
- Welche Erwartungen haben Sie an mich, Ihren Vorgesetzten?
- Über welche Dinge möchten Sie sonst noch sprechen?

Jahresmitarbeitergespräch Leitfaden und Protokoll		
______________ Name d. Vorgesetzten ______________ Funktion	______________ Name d. Mitarbeiters ______________ Funktion	______________ Datum des Gesprächs ______________ Betrachtungszeitraum
Sicht des Vorgesetzten	**Sicht des Mitarbeiters**	**Vereinbarungen**
1. Leistungen / Zusammenarbeit der Vergangenheit		
Welche vereinbarten Ziele und Leistungsstandards wurden erreicht?		
Welche Faktoren haben den Mitarbeiter unterstützt, diese zu erreichen?		
Welche Faktoren haben den Mitarbeiter dabei behindert?		
Zusammenarbeit, Kommunikation und Unterstützung durch den Vorgesetzten?		

2. Ziele und Vereinbarungen für das Folgejahr		
Ziele, Aufgaben und Leistungsstandards:		
Maßnahmen zur Verbesserung von Zusammenarbeit und Kommunikation:		
Förder- und Entwicklungsmaßnahmen:		
Unterstützung durch den Vorgesetzten:		
Sonstige Vereinbarungen:		
Datum/Unterschrift	Datum/Unterschrift	Verteiler: Original: Vorgesetzter Kopie: Mitarbeiter Kopie: Personalakte

Zielvereinbarungen

Mitarbeiter.. Pers.-Nr.:..

Vorgesetzter:.. Bereich:...

Periode: .... Gesprächsdatum: ....

Vereinbarte Ziele/Aufgabenschwerpunkte mit Maßnahmen zur Realisierung (nach Priorität geordnet):	Termin/Meßgröße:
(1)	
(2)	
(3)	
(4)	
(5)	
(6)	

....

(Vorgesetzter) (Mitarbeiter)

Zielerreichung/Aufgabenerfüllung

Mitarbeiter.. Pers.-Nr.:..

Vorgesetzter:.. Bereich:...

Periode: .... Gesprächsdatum: ....

Ziele:	Grad der Zielerreichung	Erläuterung der Einflußfaktoren
(1)		
(2)		
(3)		
(4)		
(5)		
(6)		

Dieses Blatt ist vom Mitarbeiter ins Gespräch mitzubringen

Leitfaden für ein Zielvereinbarungsgespräch
• Gesprächseröffnung – Anlaß des Gespräches klären – Grundsätzliches zum Führen mit Zielen – bisherige Erfahrungen mit Zielvereinbarungen
• Bereichsziele aus dem übergeordnetem Zielsystem besprechen und auf den Aufgabenbereich des Mitarbeiters herunterbrechen
• Darstellung von zukünftigen Anforderungen an den Arbeitsplatz und daraus resultierende Aufgaben durch den Mitarbeiter
• Kommentierung und Weiterführung der Darstellungen des Mitarbeiters durch den Vorgesetzten
• Inhaltliche Vereinbarung zwischen dem Vorgesetzten und Mitarbeiter über konkrete Ziele, Schwerpunkte und Prioritäten
• Diskussion vorhersehbarer Probleme und Schwierigkeiten bei der Zielerreichung
• Vereinbarung der Rahmenbedingungen – Maßstäbe zur Überprüfung der Zielerreichung (Quantität, Qualität, Kosten etc.) – Termine für Zwischenüberprüfungen – Zeitspanne bzw. Endtermin
• Überprüfung der Ressourcen des Mitarbeiters; verfügt der Mitarbeiter über notwendige und ausreichende Kenntnisse und/oder Fertigkeiten?
• Ggf. zusätzliche Qualifizierungsmaßnahmen festlegen
• Überprüfen der Kompetenzen, um notwendige Entscheidungen treffen zu können
• Zeitliche Kapazitäten des Mitarbeiters bzw. der diesem unterstellten Mitarbeiter
• Finanzielle Mittel
• Schriftliche Dokumentation der Ziele und Vereinbarungen
• Gesprächsabschluß

Inhalt und Gliederung eines Fördergesprächs
• Schaffen Sie von Anfang an eine positive Gesprächsatmosphäre.
• Nennen Sie den Gesprächsanlaß und erläutern Sie Ablauf und Vorgehensweise.
• Gehen Sie auf die Vorbereitungen des Mitarbeiters ein. Erfragen Sie Ziele, Erwartungen, Interessen und Wünsche.
• Beachten Sie: Nicht alle Mitarbeiter wollen sich weiterentwickeln, um weiterführende Aufgaben zu übernehmen. Orientieren Sie sich neben den betrieblichen Erfordernissen auch an den Bedürfnissen und Erwartungen der Mitarbeiter.
• Gehen Sie auf die Ergebnisse der letzten Beurteilung ein. Besprechen Sie Stärken, Entwicklungsbedarf, Potentiale.
• Diskutieren Sie die betrieblichen Möglichkeiten.
• Legen Sie Entwicklungsmaßnahmen fest und beschreiben Sie – die genauen Inhalte und Lernziele, – die grobe Zeitplanung, – die notwendigen finanziellen Mittel, – in welcher Weise Sie selbst den Mitarbeiter bei der Entwicklung unterstützen werden und – wie der Entwicklungsfortschritt beobachtet und sichergestellt werden soll.

Checkliste:
Einführungsgespräch ✔

- Planen Sie am ersten Tag genügend Zeit für ein erstes Gespräch mit dem neuen Mitarbeiter ein. ☐
- Stellen Sie sich ihm vor und erläutern Sie kurz Ihre Funktion und Aufgaben. ☐
- Geben Sie dem neuen Mitarbeiter Gelegenheit, sich selbst vorzustellen. ☐
- Mut zur Lücke! Beschränken Sie sich auf die für den ersten Tag wirklich wichtigen Informationen.
  Vermeiden Sie Monologe und zu lange Unternehmensdarstellungen, um den „Neuen“ nicht mit Informationen zu überfordern. ☐
- Berücksichtigen Sie, daß der neue Mitarbeiter nicht alle Informationen aus dem Einführungsgespräch behalten wird.
  Unterstützen Sie Ihre Ausführungen durch eine Einführungsschrift (vgl. unten) oder stellen Sie anderweitig sicher, daß er die wichtigsten Informationen nach dem Gespräch erneut einholen kann (z. B. von dem Kollegen, der ihn einarbeiten soll oder von einem Paten). ☐
- Damit Sie einen guten ersten Eindruck von dem neuen Mitarbeiter erhalten, sollte sein Redeanteil in diesem Einführungsgespräch deutlich höher sein als Ihr eigener. ☐
- Ermutigen Sie den neuen Mitarbeiter, von sich selbst zu sprechen; geeignete Themen sind die bisherige Tätigkeit, dabei gesammelte Erfahrungen usw. ☐

- Greifen Sie aus seinen Ausführungen die Dinge heraus, die am neuen Arbeitsplatz ähnlich sind. Damit stärken Sie sein Sicherheitsgefühl. ❑

- Vermeiden Sie Vorurteile; der neue Mitarbeiter soll sich seine eigene Meinung bilden. ❑

- Machen Sie auch auf „ungeschriebene Gesetze" aufmerksam, damit der neue Mitarbeiter nicht ungewollt ins Fettnäpfchen tritt. ❑

- Wecken Sie keine falschen Hoffnungen oder Erwartungen, die Sie nicht einhalten können. ❑

Für weitere Notizen:

Leitfaden für ein Kritikgespräch

- Positive Gesprächseröffnung.
- Fehlverhalten nennen und Mitarbeiter dazu äußern lassen (kein einseitiges Abkanzeln!).
- Geduldig zuhören – Verständnis aufbringen.
- Gemeinsam nach den Gründen für das Fehlverhalten suchen.
- Gemeinsam überlegen, was zu tun ist, um die Fehler in Zukunft zu vermeiden.
- Je nach Anlaß Auswirkungen auf den Betrieb untersuchen.
- Prüfen, inwieweit der Vorgesetzte oder der Betrieb Hilfe leisten können.
- Künftiges Verhalten vereinbaren (Mitarbeiter soll sich ausdrücklich zu den angestrebten Verhaltensänderungen äußern).
- Mitarbeiter Mut zusprechen.
- Auf Kontrolle des künftigen Verhaltens hinweisen.
- Gute Leistungen nicht vergessen.
- Positiver (einvernehmlicher) Schluß.

Leitfaden für ein Fehlzeitengespräch

- Wählen Sie einen positiven Gesprächseinstieg, und informieren Sie den Mitarbeiter über den Anlaß des Gespräches.

- Sprechen Sie mit dem Mitarbeiter über wichtige Dinge, die während seiner Abwesenheit geschehen sind, und erleichtern Sie ihm so den Wiedereinstieg.

- Erkundigen Sie sich nach seinem derzeitigen Befinden.

- Sprechen Sie mit ihm über die Ursachen der Abwesenheit; berücksichtigen Sie dabei
  - die Länge der Abwesenheit,
  - Häufigkeit von bisherigen Abwesenheiten,
  - ob der Grund für die Abwesenheit mit der Arbeitsumgebung (Art der Tätigkeit, Arbeitsbedingungen, Betriebs- und Gruppenklima, Führungsstil ...) zusammenhängt.

- Verdeutlichen Sie je nach Dauer und Häufigkeit der Abwesenheit
  - die wirtschaftlichen Konsequenzen für das Unternehmen,
  - die Auswirkungen auf die Kollegen.

- Erarbeiten Sie gemeinsam mit dem Mitarbeiter Lösungen, um Fehlzeiten zukünftig zu reduzieren bzw. ganz zu vermeiden. Berücksichtigen Sie dabei
  - was das Unternehmen tun kann,
  - was der Mitarbeiter selbst tun will.

- Bieten Sie – soweit möglich – Hilfestellung an (Betriebsrat, Betriebsarzt, Stundenreduzierung, Wechsel des Arbeitsplatzes ...)

- Beziehen Sie deutlich Stellung, aber vermitteln Sie dem Mitarbeiter gleichzeitig das Gefühl, daß er als Mensch geschätzt und im Unternehmen gebraucht wird.

Checkliste: **Disziplinargespräch** ✔

- Begrüßen Sie den Mitarbeiter und stellen Sie die weiteren Gesprächspartner vor, soweit nicht bereits bekannt. ☐
- Seien Sie als Person höflich, aber ernst in der Sache. ☐
- Nennen Sie dem Mitarbeiter den Gesprächsanlaß (Erteilung einer Abmahnung, Aussprechen der Kündigung). ☐
- Fragen Sie den Mitarbeiter, ob er ein Betriebsratsmitglied zu dem Gespräch hinzuziehen möchte und veranlassen Sie dieses. ☐
- Beschreiben Sie das Fehlverhalten sachlich und stichhaltig. Begründen Sie die Entscheidung und machen Sie den Ernst der Situation deutlich. ☐
- Geben Sie dem Mitarbeiter Gelegenheit, seine Sichtweise darzustellen. Vermeiden Sie jedoch eine endlose Diskussion oder das wiederholte Austauschen längst genannter Argumente. ☐
- Lassen Sie keinen Zweifel daran: Die Entscheidung ist gefallen und kann nicht mehr revidiert werden. ☐
- Richten Sie den Blickwinkel in die Zukunft, d. h. was kann unternommen werden, damit es nicht noch einmal zu einer solchen Situation kommt (Ausnahme: das Kündigungsgespräch). ☐
- Machen Sie die Konsequenzen deutlich, wenn der Mitarbeiter sein Verhalten in Zukunft nicht nachhaltig ändert. ☐
- Lassen Sie sich zu keinem Zeitpunkt das Gespräch aus der Hand nehmen. ☐
- Stellen Sie sich darauf ein, daß der Mitarbeiter Ihr Mitgefühl ansprechen wird. ☐

Leitfaden für ein Abgangsgespräch

- Information über die Vertraulichkeit des Gesprächs
- Ermunterung, alles auszusprechen
- Hinweis, daß das Zeugnis durch dieses Gespräch nicht beeinflußt wird
- Gründe für die Kündigung erfragen
  - Wurden die Erwartungen des Mitarbeiters an die eigene Stelle nicht erfüllt?
  - Fragen nach dem Betriebsklima, Arbeitsbedingungen
  - Wie wurden die Möglichkeiten zu Weiterbildung und Aufstieg beurteilt?
  - Wie wurde der Führungsstil des Vorgesetzten eingeschätzt?
  - Arbeitsentgelt und Sozialleistungen
  - Gibt es andere Gründe für die Kündigung?
- Wie hätte die Kündigung verhindert werden können?
- Fragen nach neuer Position/neuem Arbeitgeber
- Je nach Situation, Versuch, den Mitarbeiter noch einmal umzustimmen
- Ggf. Vereinbarungen zur weiteren Abwicklung des Ausscheidens

Abgangsgespräch – Protokoll

Name: ______	Position: ______
Abteilung: ______	Vorgesetzter: ______
Eintrittsdatum: ______	Austrittsdatum: ______

Entwicklung im Unternehmen:

Datum:	Position:	Gehalt:	Beurteilung:
______	______	______	______
______	______	______	______
______	______	______	______
______	______	______	______

Lassen Sie den Mitarbeiter die nachfolgenden Aspekte bewerten. Notieren Sie wichtige Aspekte seiner Ausführungen – wenn notwendig – auf einem gesonderten Blatt.

	sehr gut	gut	zufrieden-stellend	schlecht
1. Position und Aufgabe				
1.1 Tätigkeit	☐	☐	☐	☐
1.2 Verantwortung	☐	☐	☐	☐
1.3 Organisation	☐	☐	☐	☐
1.4 Weiterentwicklung	☐	☐	☐	☐
2. Führung durch den Vorgesetzten				
2.1 Zusammenarbeit/Unterstützung	☐	☐	☐	☐
2.2 Kommunikation und Feedback	☐	☐	☐	☐
2.3 Förderung	☐	☐	☐	☐
3. Arbeitsbedingungen				
3.1 Abteilungsklima	☐	☐	☐	☐
3.2 Betriebsklima	☐	☐	☐	☐
3.3 Arbeitszeiten	☐	☐	☐	☐
3.4 Bezahlung	☐	☐	☐	☐

4. Kündigungsgrund

5. Wie hätte die Kündigung verhindert werden können?

6. Welche positiven Aspekte werden mit dem Unternehmen verbunden?

7. Neuer Arbeitgeber: **Neue Position:**

Leitfaden für ein Vorstellungsgespräch	
Position: Abteilung: Vorgesetzter: Eintrittstermin:	Bewerber: Gespräch vom: Gesprächsteilnehmer:
Gesprächsphase/Erläuterungen	**Notizen**
Gesprächsbeginn	
– Begrüßung des Bewerbers – „Warming up“: angenehme Atmosphäre schaffen (Fragen zur Anreise etc.) – sich selbst und alle anwesenden Gesprächspartner mit Namen und Funktion vorstellen den Ablauf des Gesprächs kurz skizzieren	
Bisheriger Werdegang des Bewerbers	
– den Bewerber zunächst seinen bisherigen Werdegang schildern lassen – nervöse Bewerber zu diesem Zeitpunkt nur unterbrechen, wenn unbedingt erforderlich – nachhaken, wenn etwas unklar ist bzw. wenn Sie den Grund für gewisse Entscheidungen wissen möchten, detailliertere Informationen benötigen etc.	
Jetziges Aufgabengebiet	
– Aufgaben und Kompetenzen – typischer Tagesablauf	

– welche Aufgaben werden gern/ungern erledigt – kritische Situationen – Grund für den angestrebten Wechsel	
Zukünftiges Aufgabengebiet	
– Erwartungen und Ziele – worauf wird besonders viel Wert gelegt (Betriebsklima, Teamarbeit, gleitende Arbeitszeit ...) – welche Dinge werden abgelehnt	
Fragen zum Unternehmen	
– wichtige Aspekte des Anforderungsprofils hinterfragen – real existierende Erfahrungen des Bewerbers einbeziehen – fiktive Situationen zur Diskussion stellen	
Fragen zum Unternehmen	
– wie sind Sie auf unser Unternehmen und die ausgeschriebene Position aufmerksam geworden – warum haben Sie sich bei uns beworben – was wissen Sie über unser Unternehmen und unsere Produkte	
Vorstellung des Unternehmens und der zu besetzenden Position	
Informieren Sie den Bewerber offen und ehrlich, damit auch er sich ein realistisches Bild von Ihrem Unternehmen machen kann. Dazu gehören: – das Unternehmen und seine Marktposition – Produktpalette/Dienstleistungen	

- die zu besetzende Position (Aufgaben, Umfeld ...) - vertragliche Fragen (Sozialleistungen, Arbeitszeiten ...)	
Offene Fragen des Bewerbers klären	
Abschließende Formalitäten	
- frühestmöglicher Eintrittstermin - derzeitiges Ist-Gehalt - erwartetes Gehalt - gesundheitliche Einschränkungen	
Gesprächsabschluß	
- dem Bewerber das weitere Verfahren erläutern - Dank für das Gespräch aussprechen - Verabschiedung	

Leitfaden für ein Lehrgespräch

Einleitungsphase – Teilnehmer motivieren und Gesprächsgrundlage schaffen

- Thema nennen und abgrenzen
- Gesprächsziel (Lernziel) nennen
- Aktive Mitarbeit der Teilnehmer sicherstellen
  - An vorhandene Erfahrungen anknüpfen
  - Nutzen für die Teilnehmer herausstellen
  - Sonstiger attraktiver Einstieg
- Zeitrahmen bekanntgeben
- Behandlungsreihenfolge vereinbaren
- Gemeinsame Ausgangsbasis sicherstellen

Diskussionsphase – durch Denkanstöße Gespräch zielwirksam vorwärts bringen

- Sachproblem erörtern
- Vergleiche herstellen (z. B. früher/heute, wir/andere, Kosten/Nutzen)
- Bewertungen/Beurteilungen vornehmen (z. B. wirtschaftlich, sozial)
- Beiträge hervorheben/gewichten
- Folgerungen ziehen lassen
- Teilnehmer durch Einsatz der Fragetechnik aktivieren
  - Offene Fragen (W-Fragen) einsetzen
  - Fragen möglichst an alle Teilnehmer richten
  - Fragen aus dem Auditorium (wenn möglich) durch das Auditorium beantworten lassen
- Aktiv zuhören; Teilnehmer ausreden lassen
- Gespräche strukturieren
  - Gliederung herausarbeiten
  - Orientierungshilfen einbauen
- Zwischenergebnisse zusammenfassen (lassen)
- Zwischenergebnisse festhalten (visualisieren)
- Spielregeln beachten (Melden, Reihenfolge ...)

Abschlußphase – Lernerfolg verdeutlichen und sichern

- Ergebnis zusammenfassen (Fazit)
- Endergebnis sichern (Protokoll, Nacharbeit, Literaturhinweise)
- Persönliche Folgerungen ziehen lassen (Nutzen, künftige Anwendung ...)
- Motivation für künftige Lehrgespräche

Vorbereitung auf ein Beurteilungsgespräch

Personalleitung	Vorbereitung zum Beurteilungsgespräch	Datum:

Bitte verwenden Sie dieses Formular zu Ihrer Vorbereitung auf das bevorstehende Beurteilungsgespräch. Das Formular dient ausschließlich Ihrer eigenen Verwendung.

Bitte schätzen Sie Ihr Leistungsverhalten anhand der nachfolgenden Kriterien ein:

Merkmale/Kriterien	**Ausprägung:** 1 *sehr stark* 2 *stark* 3 *befriedigend* 4 *schwach* 5 *sehr schwach*					**Bemerkungen**
Professionalität	1	2	3	4	5	
Fachwissen	☐	☐	☐	☐	☐	....
Übersicht	☐	☐	☐	☐	☐	....
Umsetzungsstärke	☐	☐	☐	☐	☐	....
Selbständigkeit	☐	☐	☐	☐	☐	....
(für Führungskräfte)						....
Entscheidungsfreude	☐	☐	☐	☐	☐	....
Delegationsbereitschaft	☐	☐	☐	☐	☐	....
Überzeugungsfähigkeit	☐	☐	☐	☐	☐	....
Mitarbeiterförderung	☐	☐	☐	☐	☐	....
Verantwortlichkeit						
Zielstrebigkeit	☐	☐	☐	☐	☐	....
Zuverlässigkeit	☐	☐	☐	☐	☐	....
Qualitätsbewußtsein	☐	☐	☐	☐	☐	....
Kostenverhalten	☐	☐	☐	☐	☐	....
Begeisterung						
Arbeitseinstellung	☐	☐	☐	☐	☐	....
Aktivität	☐	☐	☐	☐	☐	....
Initiative	☐	☐	☐	☐	☐	....
Weiterbildungsverhalten	☐	☐	☐	☐	☐	....
Solidarität						
Kollegialität	☐	☐	☐	☐	☐	....
Information	☐	☐	☐	☐	☐	....
Umgangsformen	☐	☐	☐	☐	☐	....
Teamfähigkeit	☐	☐	☐	☐	☐	....

Nachfolgend haben Sie Gelegenheit für persönliche Anmerkungen, die Sie gerne im Gespräch ansprechen möchten.

....

....

....

....

....

....

....

....

....

....

....

....

....

....

....

....

....

....

....

Beurteilungsbogen		
Personalleitung	**Mitarbeiterbeurteilung**	**Datum:**
Mitarbeiter(in) – Pers.Nr.	Abteilung – KSt.	Vorgesetzter

Leistungsverhalten

Merkmale/Kriterien	Ausprägung: 1 *sehr stark*, 2 *stark*, 3 *befriedigend*, 4 *schwach*, 5 *sehr schwach*					Bemerkungen
Professionalität	1	2	3	4	5	
Fachwissen	☐	☐	☐	☐	☐	....
Übersicht	☐	☐	☐	☐	☐	....
Umsetzungsstärke	☐	☐	☐	☐	☐	....
Selbständigkeit	☐	☐	☐	☐	☐	....
(für Führungskräfte)						....
Entscheidungsfreude	☐	☐	☐	☐	☐	....
Delegationsbereitschaft	☐	☐	☐	☐	☐	....
Überzeugungsfähigkeit	☐	☐	☐	☐	☐	....
Mitarbeiterförderung	☐	☐	☐	☐	☐	....
Verantwortlichkeit						
Zielstrebigkeit	☐	☐	☐	☐	☐	....
Zuverlässigkeit	☐	☐	☐	☐	☐	....
Qualitätsbewußtsein	☐	☐	☐	☐	☐	....
Kostenverhalten	☐	☐	☐	☐	☐	....
Begeisterung						
Arbeitseinstellung	☐	☐	☐	☐	☐	....
Aktivität	☐	☐	☐	☐	☐	....
Initiative	☐	☐	☐	☐	☐	....
Weiterbildungsverhalten	☐	☐	☐	☐	☐	....
Solidarität						
Kollegialität	☐	☐	☐	☐	☐	....
Information	☐	☐	☐	☐	☐	....
Umgangsformen	☐	☐	☐	☐	☐	....
Teamfähigkeit	☐	☐	☐	☐	☐	....

Potentialeinschätzung	
Entwicklungsziele: ❶ Wollen Sie sich weiterentwickeln? ☐ ja ☐ nein ❷ Wenn ja, in welchem Zeitraum? ☐ kurz- ☐ mittel- ☐ langfristig ❸ Welche Funktionen streben Sie an?	**Eigenschaften und Fähigkeiten:** ....

Zielvereinbarungen
....
....
....
....
....
....
....
....
....

Datum, Unterschrift Vorgesetzter	Datum, Unterschrift Mitarbeiter/in

Leitfaden für ein Beurteilungsgespräch

- **Gesprächseinstieg**

Es soll ein positiver Gesprächseinstieg sein, darin sind sich alle einig. Jedoch nennen Literatur und Praxis unterschiedliche Vorschläge, wie ein solcher Gesprächseinstieg am besten zu erreichen ist. Oftmals wird empfohlen, zunächst über aktuelle Themen aus dem Arbeitsbereich des Mitarbeiters zu sprechen und dann ins Beurteilungsgespräch überzuleiten. Erfahrungen der Autoren haben jedoch gezeigt, daß die Mitarbeiter, wenn sie wissen, daß es eigentlich um das Beurteilungsgespräch geht, diese Vorgehensweise ablehnen. Sie wollen nicht erst „Honig um den Bart geschmiert" bekommen.

Insbesondere bei guten Mitarbeitern hat sich ein offener, neutraler Einstieg bewährt. Seien Sie also als Person freundlich, erläutern Sie den Gesprächsanlaß und geben Sie einen kurzen Überblick über den Ablauf und die Vorgehensweise.

- **Die Sichtweise des Mitarbeiters zuerst**

Geben Sie zunächst dem Mitarbeiter Gelegenheit, auf der Basis seiner eigenen Gesprächsvorbereitung (Selbstbeurteilung, vgl. Seite 124) seine eigene Sichtweise darzustellen. Unterstützen Sie ihn, wenn nötig, mit den folgenden Fragen:

- Was ist gut gelaufen und warum?
- Was ist nicht so gut gelaufen und warum nicht?
- Was hat Spaß gemacht und was hat Frust erzeugt?
- Welche Ziele hat der Mitarbeiter für das nächste Jahr?

Unterbrechen Sie den Mitarbeiter nur, wenn Sie etwas nicht verstanden haben und deshalb nachfragen müssen.

- **Ihre eigene Sichtweise**

Legen Sie nun Ihre eigene Sichtweise dar. Gehen Sie dabei auf die Ausführungen des Mitarbeiters ein, indem Sie:

- seine Ausführungen bestätigen, korrigieren und/oder ergänzen sowie
- Gemeinsamkeiten und Abweichungen aufzeigen und begründen.

Vermeiden Sie, mit einer Gesamtbeurteilung der Leistungen zu beginnen, oder den Beurteilungsbogen Punkt für Punkt durchzugehen. Vielmehr hat es sich in der Praxis bewährt, die eigene Argumentation auf den grundlegenden Verhaltensweisen des Mitarbeiters aufzubauen und deren Auswirkungen auf die einzelnen Aufgabenbereiche des Mitarbeiters aufzuzeigen. Mit dieser Vorgehensweise wird eine differenzierte, nachvollziehbare, individuelle und damit insgesamt überzeugende Beurteilung des Mitarbeiters sichergestellt.

- **Gelegenheit für Gefühle**

Geben Sie dem Mitarbeiter Gelegenheit, seinen Gefühlen (Wut, Enttäuschung, Frust ...) Luft zu machen. Akzeptieren Sie, daß es in diesem Moment nicht um Sachlichkeit, sondern um Emotionalität geht. Versuchen Sie, die Gefühle und die darin verborgenen Motive und Bedürfnisse des Mitarbeiters zu erkennen.

- **Zurück zur Sachlichkeit**

Arbeiten Sie gemeinsam übereinstimmende und abweichende Meinungen heraus. Suchen Sie dabei nach Ursachen für Stärken und Schwächen und nach Lösungsmöglichkeiten. Verzichten Sie auf Monologe; beteiligen Sie den Mitarbeiter an der Erarbeitung von Lösungen und machen Sie ihn so für diese mitverantwortlich.

- **Beenden Sie das Gespräch mit einem Ergebnis**

Veränderungen finden nur statt, wenn sie verbindlich vereinbart werden. Halten Sie als Gesprächsergebnis schriftlich fest,

- welche Erwartungen Sie zukünftig an die Leistungen und das Verhalten des Mitarbeiters haben,
- welche Hilfestellungen Sie dem Mitarbeiter geben werden,
- wie und mit welchen Maßstäben Sie zukünftig kontrollieren werden.

Notizen